高校民族传统体育理论、发展与技能研究

薛凌 著

中国水利水电出版社
www.waterpub.com.cn
·北京·

内 容 提 要

本书是在对高校民族传统体育进行长期研究、搜集大量相关资料的基础上撰写的，并借鉴参考了诸多学者的相关研究，是关于民族传统体育的科学成果。本书有关理论方面的研究主要包括民族传统体育理论知识、学校教育与民族传统体育教育学、高校民族传统体育教学理论与方法；有关技能与发展的研究主要有武术技能与发展、养生功法技能与发展、传统球类技能与发展以及民间民俗项目技能与发展。此外，本书还在文化软实力视角下对高校民族传统体育的发展进行了创新性的研究。本书集科学性、系统性、实用性、时代性等特征于一体，语言准确，结构体系完整，对于推动高校民族传统体育的发展具有重要的价值与意义，是一本值得学习研究的著作。

图书在版编目（CIP）数据

高校民族传统体育理论、发展与技能研究 / 薛凌著
. -- 北京 : 中国水利水电出版社, 2017.5（2022.9重印）
ISBN 978-7-5170-5342-2

Ⅰ. ①高… Ⅱ. ①薛… Ⅲ. ①高等学校－民族形式体育－教学研究－中国 Ⅳ. ①G852.9

中国版本图书馆CIP数据核字(2017)第079761号

责任编辑：杨庆川　陈　洁　　封面设计：崔　蕾

书　　名	高校民族传统体育理论、发展与技能研究　GAOXIAO MINZU CHUANTONG TIYU LILUN、FAZHAN YU JINENG YANJIU
作　　者	薛　凌　著
出版发行	中国水利水电出版社 （北京市海淀区玉渊潭南路1号D座 100038） 网址：www.waterpub.com.cn E-mail：mchannel@263.net(万水) sales@mwr.gov.cn 电话：(010)68545888(营销中心)、82562819（万水）
经　　售	全国各地新华书店和相关出版物销售网点
排　　版	北京鑫海胜蓝数码科技有限公司
印　　刷	天津光之彩印刷有限公司
规　　格	170mm×240mm　16开本　16.5印张　214千字
版　　次	2017年5月第1版　2022年9月第2次印刷
印　　数	2001-3001册
定　　价	49.50元

前 言

近年来，世界上各个国家和地区在发展学校体育的过程中，都在努力彰显本民族的传统体育特色，如韩国的跆拳道、泰国的泰拳等，我国同样也是如此。中华民族传统体育是我国民族传统文化的重要组成部分，在人类漫长的文明发展史中，其以特有的地域性、传承性，使中华民族文化的内涵和精华在人类社会发展中得以保存，在我国甚至世界文化史上都留下了光辉的一笔。作为中华民族的重要文化遗产，民族传统体育要世代不息地继续发展下去，尤其是在受西方竞技体育发展强烈冲击的今天，保持民族传统体育的独有重要地位，创建具有中国特色的体育文化显得更为必要和紧迫。

高校是民族传统体育传承与发展的重要阵地，面对现代西方体育的强大攻势，民族传统体育在高校的开展面临着被动的局面，在这一现实条件下，如何推动民族传统体育理论与技能的发展，加强民族传统体育与学校体育的融合，使民族传统体育在高校获得更高水平的发展，从而进一步弘扬和发展我国优秀的传统体育文化是每一位高校体育工作者都要考虑的问题。对此，特撰写《高校民族传统体育理论、发展与技能研究》一书，为高校民族传统体育理论与实践的全面发展以及高校传承民族传统体育文化提供科学指导。

本书共有八章内容，第一章至第四章侧重于对高校民族传统体育理论与基本发展的研究；第五章至第八章重点对高校民族传统体育项目的技能与发展进行研究。具体来看，第一章为民族传统体育理论概述，主要阐述民族传统体育的起源与传承、概念与性质、特点与价值以及文化内涵等基本理论。第二章为学校教育与民族传统体育教育学研究，重点对学校教育学相关理论，民族传统体育教育学的研究领域、内容、进展及方法进行研究。第三章为高校民族传统体育教学理论与方法指导研究，主要内容有高校民族传统体育学科理论体系的构建、课程设置、教学原则与方法、教学课的组织与实施。第四章为基于文化软实力视角下的高校民族传统体育发展研究，本章主要是在特定的视角下研究民族传统体育在高校的发展现状及路径。第五章至第八章重点对高校民族传统体育项目的技能与发展进行解析和研究，涉及的具体项目有武术、养生功法、球类项目、民间民俗项目。

总体而言，本书结构安排严谨合理，内容丰富且紧扣主题，研究视角多元而又独特，具有突出的目的性、实用性及创新性，是一本关于高校民族传统体育研究的优秀著作。本书在最后四章将技能与发展结合起来进行分析与研究，不但能够为高校民族传统体育项目的教学提供实践指导，还能够促进民族传统体育运动在高校的进一步发展。

本书在撰写过程中参考和借鉴了大量关于民族传统体育的书籍和资料，在此向有关专家和学者致以诚挚的谢意。由于时间和精力有限，书中难免存在错误或遗漏之处，恳请广大读者批评指正。

作　者

2017 年 3 月

目　录

第一章 民族传统体育理论概述

民族传统体育源远流长、博大精深，大力发展和弘扬民族传统体育对整个国家以及各族人民的发展都有十分重要的意义。本章主要对民族传统体育理论进行概述，分别对民族传统体育的起源与传承、概念与性质、特点与价值、文化内涵进行详细阐析。

第一节 民族传统体育的起源与传承

一、民族传统体育的起源

我国民族传统体育是一种文化体系，该文化体系具有多重内涵和多种形式，无法从常见视角上宏观地剖析其起源。倘若以我国各民族传统体育项目的起源和发展为立足点，展开进一步总结，则能够提炼出我国全局的传统体育起源的常见模式。这里主要遵循该思路，联系常见文化和体育起源的模式，在挖掘、整合、剖析民族传统文化历史资料的基础上，总结出各个民族传统体育项目源流及发展规律。

（一）生存需要与生产劳动是民族传统体育形成与发展的源泉

在夏、商、周以前，我国还是传统的农业国家。远古人们为拓宽宜居环境的范围，提升生活品质，用意志和智慧顽强地在大自然中寻找生存资源。在我们的远古祖先和自然较量的过程中，南方民族和北方民族都需要克服很多生存问题，在和大自然较量的过程中逐渐产生了某些生产方式和生活方式，体育活动也是在这个过程中逐步发展而成的。平原地区的鞭春牛、江南的龙舟竞渡、草原赛马等都客观反映了农耕民族文化、渔猎民族文化以及游牧民族文化的常见特点，都能在其中寻找到民族特殊地域条件下生产工具和生活方式的很多痕迹。这些有丰富形式和特殊民族地域性特点的体育活动，在我国各民族生存需求、生产劳动、民俗文化不断演变的过程中一直发展到今天。

不管是我国哪个民族的传统体育活动，均和过去的生产劳动、生活方式有密不可分的关系。例如，赛马和斗羊等民族传统体育活动通常是驯化家畜、驯化家禽、畜牧业发展的基础上演变而成的；再如，赛海马和拉海龟等民族传统体育活动是在渔猎业发展的基础演变而成的；又如，鞭春牛是农业活动衍生出的民族传统体育活动。此外，龙舟竞渡是龙图腾演变而来的，手工业与渔业共同促进了龙舟运动的发展，如龙舟制作环节以及划龙舟技巧是手工业与渔业的直接产物。

对于贵州西北部的少数民族而言，被称之为“独竹漂”的技能竞赛活动深受群众欢迎，每位参赛者脚踩一个竹竿，跟着水的流动方向进行滑行。“独竹漂”竞赛活动评判标准是在独竹上做完不同类型且相对较难的平衡动作的实际质量。“独竹漂”起源于古代先辈们在水流上漂运圆形木头以及竹料。在长江中下游地区的部分民族还出现了名叫“摇快船”的体育娱乐活动，蚕桑生产是该项体育娱乐活动的重要源头。当养蚕时节当来时，人们要想买到桑叶必须渡河，渡河买桑叶的人必须掌握较高的划船技能。由于在该项活动中，人们往往能够直接感受快速划船，所以随着时间推移该手工业生产的辅助性活动逐渐自成体系，发展成了“摇快船”这一民族传统竞技体育。

狩猎属于原始先民常见的一项劳动方式。在狩猎过程中彝族先辈往往会使用匕首、弓箭、飞石索、投掷器等，提高使用这些工具的技巧对先民狩猎成果有直接影响。提高这些工具的运用技术是先民主要的练习内容和训练内容，这种获取生存资源需求的方式能够为民族体育活动的形成提供有利条件。

在距今三万多年的山西省峙峪遗址出土了很多燧石材质的石镰，这是我国截至目前发现的最早的箭头，这反映了三万多年前已经有使用弓箭的原始人。古代民族的先辈们使用了弓箭，同时还不断加强使用弓箭的技术，最终使射箭运动技能得到提升。包括射柳和骑射等多种形式在内的射箭方法技能被赋予了越来越多的民族体育文化内涵和运动竞技价值取向，最终演变成了集多项价值和多项性质于一体的、民族特色鲜明的民族传统体育活动。

对于西部民族地区而言，西部人民得以生存的主要方式是生产劳动，两千多年前西部地区先民通常生活在河谷地带以及高山峻岭，居住环境自然条件险要，需要时常和野兽斗争，自然环境极差，生产工具难以满足实际需求，生产劳动力比较低，生活条件十分恶劣。在严酷的生活环境中，农耕社会文化与牧猎社会文化开始发展，要想满足生存需求以及生产劳动需求，强健身体和较高身体素质是必不可少的，只有具备较高的农耕技能或射箭技能、跑步技能等，方可以更加贴近社会发展需要，才能在和野兽搏斗的过程中赢得胜利，才能更加高效地完成农耕、采集野果、狩猎等最为原始的生产劳动，进而获得更多生存所必需的食物，由此和这些生存需要相适应的地域性传统体育文化逐渐产生并发展起来。

在最为原始的生活环境中，先民创造出了民族文化和民族传统文化。在农耕和狩猎是主要生产方式的生产劳动中，在族人相互交流的活动中慢慢产生并发展了跑步运动能力、投掷运动能力、跳跃运动能力、攀爬运动能力等，同时逐步形成与发展了射箭等狩猎必须具备的技能，另外还努力将这些能力当成子孙适应社会环境的生存竞争能力。经历时代传授，最终使发展时间久远的民间传统体育文化活动的普及范围不断扩大，由此来实现传承

“尚武崇艺、强调技能与发展身心”的民族传统体育文化的目标。

(二)生命价值观念是民族传统体育文化形成的核心

生命产生与生命终止问题是古人思索的问题之一。在殷代，就有哲人研究生命以及身体运动。纵观殷代思想，其中充斥着对身体健康的期盼，对疾病和死亡的恐惧。为达到健康长寿、预防早逝，先哲们对生命实质展开了深入探讨。例如，在彝族典文《西南彝志选》《庄子·刻意》、华佗的“五禽戏”中都对生命本质、强身健体方面的探讨。

同样，大一统的文化哲学思想也对我国传统的养生、健身生活产生了很大作用，十分重视形神兼备，强调在“天人合一”思想指导下，在悟道的基础上，实现和“天、地、神”相通，必须达到“以心会意，以意调气、以气促形、以形合神”，高度重视“意、气、体”三者的统一。在先秦，还产生了“人之生也，天之为精，地之为形，合之以为人”的观点，同时指出只有“四肢强健，思虑恂达，耳目聪明”的人，方可以称之为身体和心理皆好的人。回族十分重视良好卫生习惯的培养，我国其余民族难以与其比较。回族礼拜仪式中“五功”中的拜功就属于完善有效的卫生保健方式，其不但能满足宗教的礼拜需求，同时健身功能也十分明显。这种高品质生活方式能为运动健身提供很多有利条件，能对广大百姓强身健体发挥积极影响。因为原始“生命价值”哲学理论处于不断发展的状态，所以一定会推动广大民众进一步探寻体育价值，同时慢慢形成我国独一无二的卫生保健与民族传统体育活动的最初形态。

(三)生活娱乐和风俗习惯对民族传统体育的影响

对于自生产劳动、军事斗争、宗教信仰中繁衍而成的民族传统体育模式而言，生活娱乐是各族人民参与体育活动最常见的价值追求，由于各族人民要想实现不同形式的健身目标与娱乐目标，所以各族人民由此创造出了很多形式的体育活动，以此使身心获得全面发展。尽管这些活动的出现和生产劳动、宗教祭祀、军事斗争存在着某些联系，但并非是对这些活动的单方面移植，更多的是人们的创造。

分析各民族地区的体育游戏可知，其绝大部分都是为了实现健身娱乐目标而出现的。因为人们往往都具备较高的好奇心理、创造水平以及娱乐动机，所以人们通常可以创造出内容和样式都十分独特的传统体育活动。不管是南方还是北方，我国绝大多数儿童均喜爱“老鹰抓小鸡”的游戏，在参与该项游戏的过程中，儿童可以同时体会游戏的娱乐价值和健身价值。除此之外，台湾民间儿童游戏“围虎陷”、新疆柯尔克孜族的“老鹰吃仙鹤”、广西仡佬族的“凤凰护蛋”、山东民间的“老虎叼羊”等传统体育运动，都是各族人民对现实生活的想象与创造，不仅是为满足各族人民娱乐需要创造出来的，也有着十分显著的健身效果。

就少数民族人民文化表达方式而言，风俗习惯与生活娱乐是其突出反映。在远古时期，受地理位置与自然环境的制约，在各个地区生活的少数民族，特别是在极为闭塞的区域生活的少数民族，在季节分明的农耕生产中逐渐形成了春耕、夏耘、秋收、冬藏的生活节奏，各少数民族通过一整年的劳动来获得期盼的丰收。各族人民在历史发展过程中，为使身体活动需求和心理活动需求得到满足，在值得庆贺的节庆活动中常常会举办和民族文化、民族习俗相关的体育活动或娱乐活动，以此来表达内心的快乐，由此逐渐涌现出了各种各样的传统节日以及节日活动，所有节日起源均有很长的发展历史、叩击人心的传说、别具一格的情趣以及捉摸不透的神秘色彩。相关资料证实，苗族“铜鼓舞”和布依族“傩戏、丢花包”等都是各民族人民借此表达内心感受的民族习俗活动。每逢大规模的民族传统节日时，均会举办包括射箭、舞狮等在内的富有代表性的民俗民间体育竞技比赛以及娱乐性表演，同时逐步形成了集技巧性与详细规则要求于一体的民族传统体育竞赛项目，这些项目不仅有利于民族传统体育的传承和发展，同时还提供了绚丽多姿的体育文化资源以及特定层面的物质条件。

人类文化是人类创造出的产物，存在娱乐需求的各族人民在利用自然环境、总结生活经验的基础上，努力创造出适应自身娱乐需求的游戏，这些身体活动类游戏通常都充满民族传统的娱乐趣味性特征，同时还能由此获得理想的健身成效，所以很多人将其称之为娱乐性民族传统体育项目。

（四）社会纷争与军事斗争需要推动了民族传统体育的发展

相关资料证实，在社会不断发展、生活环境与分配方式不断变更的情况下，民族先民的自我保护意识和自我防范意识不断提升，由此形成了不同种类的社会团体，出现了部落战争以及外来侵略。在远古时期，民族先民所处的生存环境十分艰难且竞争大，为使自身处于安全状态，避免部落间的倾轧问题，保护努力得来的胜利果实，对外来侵略的不利因素进行抵御，实施了不同形式的防范措施与教育方式。

以“彝族式摔跤”为例，其本来是彝族最为原始的传统民间体育，其由原始社会单方面的力量对抗和技能对抗转化成解决部落争端和村寨争端的直接措施。对于贵州省西北部的彝族人来说，始终都把“摔跤”的输赢当成判断是非、化解矛盾的途径。健康的身体、坚定善斗的意志、高水平的武艺始终都是民族得以生存的关键保障，所以民族先民为各自民族更好地生存而积极倡导勇敢无畏、顽强善斗的民族精神，使族人逐步形成坚韧不摧的品格，始终将族人的械斗和技艺技能两方面的教育和训练摆在重要位置，始终将拥护本民族与尚武当成民族文化教育的一个关键环节。对于深陷社会斗争苦难的民族来说，英勇善斗、刚强不屈的性格为民族传统体育文化的形成和发展发挥了关键作用。

羌族推杆比赛和战争存在着密切联系。相传，一个间隔距离比较近的部落有次入侵羌族人集中居住的地方，羌族人用由粗木杆制成的长矛成功击败了来犯部落。随后，该族先民在欢庆胜利时推选出了一名发挥作用最大的勇士，把一把长矛的枪尖取下，指导两名武士分别拿好枪的两端并使劲朝前面推，在比赛过多次之后，挑选出力气最大的勇士。此后，推杆成为羌族人生生世世不断传承的体育活动之一。

不管我国各少数民族的实际人口有多少，均经历过由分散到集中、由战争到和平的过程。在众多民族传统体育活动中均能找到明显的历史烙印。对于北方民族的蒙古族而言，主要来源于约公元7世纪望建河的一个部落，在蒙古族的发展历程中有浓郁的战争色彩，由于该民族的先民和马有割舍不断的联系，所以使得蒙古族成为擅长骑射的民族，同时使得很多民族传统体育项目都和马、征战脱不开关系。例如，马术、武术、射弩等项目都和战争有密切关系。所以说，民族传统体育会随着国家命运和社会命运的变化而变化，被赋予了强烈的民族认同感。

从1840年开始，我国封建社会慢慢转变成了半殖民地、半封建社会，为了抵御外来侵略、推翻丧权辱国的封建制王朝，我国各个地区的农民起义军不断增多。由农民起义军开设的武馆不断涌现，他们通过民间武术组织形式来集聚群众训练队伍，先后成立了无数个民间武术团体。在中华民族陷入绝境的时刻，全方位发挥了武术的作用，纷纷手持长矛和大刀加入保卫祖国的战斗中，为我国领土完整做出了伟大贡献。

因为战争对民族存亡有关键性意义，战争技术与战争战术来源于各族人民的生活中，所以打赢战争发挥重要影响的运动方式经常被迁移至日常生活中。这不仅象征着各族人民对和平生活的期盼，同时也是各民族人民智慧的结晶。

（五）图腾崇拜与宗教祭祀活动促进了民族传统体育文化的传承

宗教是民族文化的构成部分之一，宗教和传承与发展民族传统体育文化有难以割舍的关系。该联系在人类社会的早期与中期表现得最为明显，从某种程度来说宗教是人类文化中不可替代的成分，同时分化和演变出了很多不同的文化形式，所有信仰它的民族在经济方面、政治方面以及文化方面都有不可磨灭的印记。

在原始人没有将人和自然彻底分离清楚时，他们把特定动物和植物当成氏族祖先以及氏族象征的原始崇拜，即图腾崇拜。苗族的龙图腾就是图腾崇拜中的一种。在四五千年以前，因为生产劳动需要以及战争需要，人们掌握了制舟与驾舟技术。但原始渔猎业和农业总是会受到不良天气的严重影响，因而人们的实际收入极少，有时还会出现船毁人亡的现象。面对难以控制的自然因素，从原始时期就居住在水乡泽国的苗族将希望寄托在了神灵身上，苗族先民将龙图腾作为装饰放在舟前端，以此来求得神灵保佑，祈求神灵保佑他们衣食无忧、平安健康，由此逐渐形成了集民族团结、强身健体、文化沟通、增进友谊的龙舟节。作为一种民族传统节日，龙舟节鲜明地反映了人类和某种自然物存在亲缘关系，这属于人类和自然界生存环境关系的原始反应，是对民族文化最早的探究，其中不仅有弥足珍贵的民族传统体育萌芽，同时对民族传统体育文化的形成进程发挥了重要作用。

在藏传佛教中的藏族和裕固族中，“祭鄂博”作为祭祀活动中的宗教内容之一，就蕴含着很多民族传统体育成分。“祭鄂博”是指祭山神和祭财神，通常会在山顶或两山连接的山腰位置来建造庙宇，当喇嘛念经结束后，祭祀的人们需要将新衣服穿上然后登山，从本质来说应将其纳入登山活动中，寓意祈盼第二年家人和牲畜都平安，各项收入增多。在土族人民生活的地域，通常会在藏传佛教僧院开祈愿法会，即常说的“观经会”。在观经会上，不仅有寺院宗教仪式，也有“滚芒茶”等宗教活动，其中寺院喇嘛的“跳坎”活动最引人注目，常常被人称之为“跳观经”。“挑作若”作为土族民族传统体育活动之一，就是由“跳观经”演变而成的。由此可知，藏传佛教的喇嘛庙和寺院均为信教群众参与问题活动的重要场所，人们在此不仅能共同度过宗教节日，还能对已经获得的信息进行交流，也能使人们的关系更加和谐友爱。在民族文化的长期作用下，不仅对增强宗教情感有积极作用，同时也绽放出了民族传统体育的花蕾。

在原始社会生活的民族先民们，因为无法理解和解释自然界给百姓带来的福泽和灾难，所以由此出现了信仰主宰世界的“神”，民族先民逐渐形成了“自然、图腾、鬼魂”崇拜习俗，逐渐产生了相对稳固的“万物皆有神灵庇佑”的思想，冥冥中有“神”存在的思想获得了越来越多先民的认可。以在西南地区居民的少数民族为例，每逢传统的“过大年”等节日，往往会开展大规模的祭祀活动，每逢这时整个村庄都会杀年猪、打粑粑、焚香磕头、祭祀神灵，祈盼神灵能赐予自己福泽，保佑村庄五谷丰登、衣食不缺。

除此以外，还会举办踩高跷、舞龙、赛龙舟、赛马等不同形式的民间传统体育活动，特别是举行根据很多动作原型设计的舞狮项目，舞狮项目同时将民族传统体育的竞技性活动和娱乐性活动交织在一起，不但存在十分鲜明的山地文化特征以及宗教色彩，而且舞狮活动包含的各种动作有利于人们强身健体，所以舞狮活动受到了很多布依族先民的欢迎，该活动始终保持着旺盛生命力，并且流传范围不断扩大。再如，布依族的“傩戏”本来用于供奉祖先和神灵的活动，在民族生活水平、科学文化水平以及生产技术水平不断提升的情况下，人们对神灵的依赖程度不断下滑，进而让传统性质的民族舞蹈中的宗教色彩不断减弱，民族特色和乡土生活气息被增添进来，开始由敬神、娱神的原始活动逐步转变成健身娱乐等更高层次，使得该活动的文化娱乐功能和健身价值更加突出，由此发展成了民族特色鲜明的传统体育文化。

由此能够得出，民族传统体育文化在长期生活实践中经历了巨大变迁以及充实，由崇拜神灵至自然搏斗再到认识到自身价值体现，引发民族传统体育活动的提高身体素质功能和愉悦身心功能越来越突出，由此产生了当前价值功能相对较高的民族传统体育文化。

二、我国民族传统体育的发展

(一)经济是民族传统体育发展的调节杠杆

多数情况下,民族传统体育活动是将生产和生活作为根本,与对应的生产方式和生活方式紧密联系,同时依托经济活动方式的作用。民族传统体育的蓬勃发展,为民族主体进一步增强利益动机提供了有利条件。市场经济机制十分重视公平原则、有序原则以及守法原则,而民族传统体育作为体育文化同样在大力发扬公开精神、公正精神以及平等精神。市场经济机制和民族传统体育间的运动法则、表现形态和内在本质规定的相似性与相同性,以及广大群众的积极介入与持续深化,在进入竞争有序的市场经济轨道中逐渐产生了民族传统体育和地方经济同步发展的地方民族传统体育文化特色。尤其是自我国践行全民健身计划纲要以来,各民族传统体育迎来了巨大发展契机,各少数民族地区开始积极举行不同形式的民族传统体育活动。在民族大众家庭收入不断增加的情况下,越来越多的传统体育活动开始采用家庭、社区、社会联动的形式来开展,这是民族传统体育发展过程中的成功模式。除此之外,我国民族传统体育可利用经济杠杆的作用传到不同的地方和民族团体中。由此,同时具备文化大浪的撞击、潜移默化的作用、压力下的灌输以及合意中的对抗,进而在经济建设与成熟运行中产生渗透作用以及精神重塑作用。在对人类进行改造与创造的过程中,扮演好两者有机结合的使者。

我国民族传统体育是构成世界体育文化的一个部分,不仅是稳固基础上形成的稳定的精神特质文化,同时还在历史变迁过程中积极革新结构样式,表现出了很大不同。因而在宗教祭祀、庆贺丰收、嫁娶、相关节日中,民族传统体育成为难以替代的内容,不同体育活动出现次数是其他文化难以匹敌的。发展到今天的哈萨克族的姑娘追、苗族的上刀梯、羌族的推杆都是各民族人民智慧的结晶。此类民族文化体系中典型的文化特质，明显反映了民族特色、民族意识以及民族心理。

近些年来，随着国家与地方召开各类少数民族传统体育运动会次数的不断增加，对民族传统体育活动的发展灌注了强大生命力。以全国少数民族传统体育运动会为例，其实际规模不断扩大，比赛项目不断增加。众多民族传统体育项目规则的制定，为民族传统体育沟通与推广提供了有利条件，推动着民族传统体育发展越来越规范化。党的民族政策，更是为少数民族地区经济发展提供了良好契机，为民族传统体育社会化打下了稳固的发展基础。

在广大群众经济收入不断增多的情况下，西部少数民族地区以"家庭为龙头"的民族传统体育活动不断增加。该结果一定会推动少数民族地区形成中国特色的民族传统体育发展模式，充分将国家办和民族办、社会集体办和个人办结合在一起，最终推动民族传统体育更好地服务民众和社会。

对于我国的各个民族来说，民族传统体育是构建社会主义体育的关键环节，民族传统体育在拓展中国民族文化时和当代体育彼此作用，在各族人民的体育生活中构建出了绚丽多姿的景象。在奥运会中取得优异成绩、传承民族文化遗产、再现爱国主义精神等方面均能产生重要影响。

（二）民族文化是民族传统体育发展的基础

民族文化主要有物质文化与精神文化，具体是指我国各民族在漫长的社会实践中创造与发展起来的具备本民族特征的文化，往往能够体现出该民族历史发展的实际水平。民族传统体育反映在一定民族文化类型中，并且以基本核心地位而存在的民族文化，其是对民族心理素质特点的反映，是特定文化类型最高层次的抽象表现，不但具备交流特定民族中所有成员心灵的普遍性，同时还是民族传统体育得以发展的重要基础。

在特定区域中，人类慢慢出现了人种与族别。在特定时间条件和空间条件下，各民族逐渐创造出了特定的民族文化，同时涵盖了民族文化特征方面的各种精神形态。由于民族性或民族精神形态属于对应民族所有成员共同具备的，所以一切条件都不会对其产生限制作用。民族传统体育在经历过几千年的传承、发展以及演变后，逐步发展成了民族大众生理方面、心理方面、形态方面的独特文化象征，逐步渗透到民族传统体育活动中。与此同时，民族传统体育是在特定历史时期逐步发展而成的，民族文化随着时代变化而变化，有些以往的文化因素在演变过程中退出人们的视线，有些新近出现的文化因素则在演变成中逐渐出现和建构。

民族文化应达到两方面要求：一方面，拥有和世界其他文化一样的规律与内容；另一方面，拥有和世界其他文化不同的民族文化形式。民族传统体育文化极为突出的民族特性，为民族传统体育发展进程输入了强大的生命力。这种民族传统体育文化内涵具有重要作用：第一，有利于促进各民族间的团结；第二，有利于使民族向心力得到凝聚；第三，有利于培养和提高民族忧患意识；第四，有利于重现伟大的爱国主义精神。

（三）教育是民族传统体育文化传承与发展的主要途径

人类在完成生产劳动的过程中，还需进行自身繁衍进而为全人类发展贡献力量，教育是人类学习和继承生活经验进而丰富子孙知识和提升实践水平的常见方式。人类不但要努力提升自身的生存智慧，而且要努力提升自身的身体素质，进而为后代身心健康提供保障。在明确的、持续的社会存在意识的长期作用下，部分有助于人类繁衍子孙以及教诲后代的民族传统体育项目逐渐产生。

“姑娘追”作为哈萨克族与柯尔克孜族具有代表性的民族传统体育项目，不仅有繁衍后代的作用，还有教育后代的作用。英国民族学家弗雷泽在著作《金枝》中记载了哈萨克族“姑娘追”的活动，活动中身体强健的赛马获胜者常常会被青年女子选为丈夫。弗雷泽将该项运动誉为“爱的追逐”竞赛，把该活动当成了青年男女缔结婚约的形式。考察和分析“姑娘追”活动的意义是：能够由此推测出哈萨克族青年女子通过该活动来选择丈夫，从本质之上说有繁衍子嗣、教育后代的意思。在“姑娘追”活动中取胜的青年男子通常身体强健，他们能够与姑娘们生育出身体素质更好的后代，可以在未来生活中生活得更好，该问题属于游牧民族极为注重的问题。这种择夫方式不仅给青年女子留有余地，同时青年男子也必须达到更高要求。随着这种体育观念教育的长期影响，哈萨克族与柯尔克孜族的人民始终维持着彪悍的民族气质。

除此之外，部分民族还试图通过体育民俗来教导后人，进而使后人更好地投入到未来的生产劳动中。例如，台湾布农族有“射耳祭”活动，该族的成年男子会教导小男孩站在特定距离用弓箭射挂在枝头上的动物耳朵，期盼男孩在未来成为勇士和狩猎高手，后来该活动逐渐演变成了民族体育项目。

(四)民族凝聚力是民族传统体育发展的核心

在历史演进过程中，一个民族已经逐步形成颇有个性与特色的文化形态，发展成团结一心、联合对外、推动民族发展的一种力量，即民族凝聚力。我国是由56个民族组成的，华夏文化同样是多元结构的复合文化形态。在漫长的发展历史中，我国逐步形成了汉族文化为主体、其他民族文化为辅助，相互沟通、相互融合、相互推动，协力创造了博大精深的中华民族文化。所以说，我国民族凝聚力是56个民族长期生活在同一国家内产生的认同感，是长期依存的经济文化联系和共同生活、共同斗争而形成的对共同利益的深层理解，民族凝聚力是在以上基础上形成的统一国家的共同愿望。

民族传统体育是构建中华文化的重要环节，包含着此类凝聚力的品格。民族传统体育属于综合性质的民俗文化，其反复强调人的身心需求与情感愿望的满足，没有通过高水平的技艺、难以理解的思想以及深厚的文化修养等多种条件来要求公众，而是采取绝大部分人都适应、集消遣性、游戏性于一身的特征来迎合民众，在文化素质条件不高的情况下就能获得相对直接、让人身心愉悦的主体情感的疏解。民族传统体育的发展特性增加了它的魅力，使得越来越多的观众被吸引过来，随着民族传统体育活动的举行使其演变成了展示和交流民族文化的重要平台，各民族群体成员的协作情况对顺利举办民族传统体育活动有重要影响，即便是旁观者也会自觉或不自觉地加入民族群体成员中，为体育活动喝彩或伤心。此类能充分调动个人荣誉与集体荣誉的体育活动或体育竞赛，充分反映了民族传统体育活动在个体态度与个体行为千差万别的形势下，集聚在特定文化运动轨迹中，整合成了具备普遍趋同的文化现象与体育运动形势，以此来鼓励更多人释放潜在能力。

（五）适应性是民族传统体育发展的人文基础

适应性能够充分反映民族传统体育的实用性。对于特定文化层次研究而言，适应性不但是分析体育起源与每个发展阶段具体形态的活化石，而且是开发与创造新型体育项目的常见资源。因为民族传统体育是我国各民族协力创造的体育文化，不仅有很多种运动类型，还有多元化的结构，也有各民族的民俗文化特征和表演性质；因为对于各项民族传统体育项目而言，动作结构、技术要求、运动风格都存在着很大差异性，同时时间、场地、器材、季节对其影响程度比较小，人们能够根据自身喜好选择各类健身养生活动。由此，更好地反映民族传统体育发展的各项特征，进一步确定举办民族传统体育活动的适应性，使其为社会发展、人的身心完善、人的全面发展提供较好的活动平台，此外为特定文化内涵下的思维方式以及行为模式定势。

在民族文化日益繁荣和社会文明朝更高级层次发展的过程中，民族传统体育适应性水平不断提升，日益发展的交通缩短了世界各地的距离，科学技术从信息方面将世界各地连成一体，使我国各民族体育文化沟通的距离不断拉近，日益发达的科学技术中种族特征和地域特征逐渐消失，在劳动频繁交换的过程中逐渐产生了宏观把握思想与综合思考思想，使人与人之间、各民族之间、国家之间的联系更加紧密，让民族传统体育在文化交流与文化融合的过程中逐渐呈现出了世界性特征。该走向不仅会提升民族传统体育文化的适应性，还会使民族传统体育文化的价值尺度在文化共识的基础上慢慢实现统一。

（六）继承与传扬是民族传统体育发展的内在规律

民族传统体育文化在时间上传衍的连续性，就是传承性。传承性不但是社会历史发展的纵向延伸，还是传递民族传统体育的一项有效途径。要想传承民族传统体育文化，必须在特定社会关系与社会发展需求的基础上实现。特定社会关系与社会发展需求不仅有效规范了人们在选择和继承文化遗产方面的权利和责任，同时也能客观反映先辈们诠释体育文化意识的具体水平。

民族传统体育不但是民族传统文化的重要纽带，而且是长期社会实践中各民族主动传承的物质财富和精神财富。在生产劳动方式不断变化、各民族文化相互交流、社会竞争日益激烈、宗教祭祀活动不断增加的情况下，不仅保留了本民族最初的活动方式，同时主动借鉴与汲取了其他民族的精华，最终演变成了当前的民族传统体育项目，比较好地保留了民族传统体育传统文化。传承过程中不仅保存了很多传统事物，同时添加了很多现代成分，民族传统体育文化经历了被传承、被发展、被创造的过程，其必须真正适应民族发展的内在需求，这也属于民族文化发展延续的本质规律。当一个民族传统体育形成后，通常就会具备稳定性与延续性，同时会在发展过程中不断变异、不断充实、不断延续，该传承性对增加民族凝聚力与精神意志力有明显的同识效应。

三、影响民族传统体育形成与发展的因素

我国共有 56 个民族，各民族间的政治、经济、科学技术、思想

文化、文学艺术等始终处在相互交流、相互作用、相互补充的过程中，由此形成了我国博大精深、绚丽多姿的文明，为我国历史不断发展注入了强大的动力。尤其是各民族创造和形成的丰富多彩、别具一格的民族传统体育，使得我国逐步形成了勇于奋进的民族精神。

（一）我国民族传统体育形成的宏观背景

从古至今，在努力实现多民族统一的过程中，我国各民族在政治、文化、生产生活方式等方面逐渐形成了割舍不断的血缘关系，这为不同种类的民族传统体育项目的产生和发展奠定了坚实的基础。

自然环境与人们的生存需求都会对民族传统体育的产生和发展产生作用。对于我国民族传统文化而言，主要部分来源于分布在河谷平原地域的汉族。和海洋民族、游牧民族不同，我国民族传统文化将发展道路定位为将农耕经济形成当成文明建设基点，最后发展成了十分发达、十分成熟的农耕为主的文化形态，并形成了很多种文化传统，逐步发展成了我国特有的文化心理以及世界观。

对于由很多民族统一形成的中华民族而言，生存和发展的历史也是人类共性日益张扬的历史阶段。在生存价值以及人类不断发展的过程中，民族文化特色目标慢慢达成，不断交汇与融合的民族文化对华夏文明的发展形成了巨大推动作用，不仅对中华民族统一的文化积淀有重要作用，还对中华民族文化构建的疆域特色和民族文化资源提供了有利条件，也对民族传统体育的形成奠定了稳固的物质基础和社会文化基础。

（二）我国民族传统体育形成的基本要素

就民族传统体育文化而言，不但能体现民族精神根本、思想品德以及民族风情，而且还能有效反映民族历史、民族文化以及民族的民风民情。我国民族传统体育文化形成和发展的时间很长，其形成和我国各民族的生存需求、生产方式、信仰崇拜、娱乐方式、民俗文化、战争争夺、宗教活动有紧密联系。

对我国民族传统体育起源和发展发挥作用的常见要素有生存需要与生产劳动、生命价值取向、具体信仰与宗教祭祀、社会割据与军事战争、娱乐方式与风俗习惯。

四、我国民族传统体育的发展走向

民族传统体育在传统文化中扮演着重要角色，是人类追求和自然相统一的落脚点与目的性产物。我国民族传统体育是我国漫长发展历史与社会发展的必然，其主要来源于我国各族人民的生存需求和生活需求，在我国传统文化和传统思想的作用下不断传承，拥有独特民族特征与当代社会发展的时代性。

在经过数千年的传承和发展后，我国民族传统体育按照时代需求与民族需求来找出由传统过渡到现代的发展契机，由此正确传承和汲取外来体育文化的精华部分，进一步推动民族传统体育文化结构的完善进程，进而创造出贴近时代需求和具有中华民族特征的现代体育文化形态。

由我国少数民族创造的多种体育形式，包含了少数民族对生命价值的追求、民族感情的增加、民族凝聚力的增加以及爱国主义精神的重现这四方面内容，使得少数民族在我国现代化建设、全民健身活动、整体提升全民素质的过程中贡献了很大力量。随着我国民族传统体育发展进程的推进，将推动各民族单元体育文化在保留民族特色的形势下积极革新、主动发展，由此实现世界体育文化的相互交汇、相互补充、全面发展，最终通过显而易见的民族特色在各国文化交流中迸发出强大动力。

（一）民族传统体育的发展将逐步科学化、规范化

在社会不断发展、现代体育广泛普及的情况下，民族传统体育改革越来越深入，使得各项管理更加科学、更加规范，某些民族

传统体育项目开始朝着竞技化方向推进。在维持传统体育原本的本质特征的情况下，竞争性越来越公平和公开；技术、战术以及训练方式越来越规范；包括各项制约机制在内的制度和管理越来越合理。为更好地适应世界体育发展走向，将现代体育发展规律当成参考系，推动我国民族传统体育走向世界各地时，也努力促进我国民族传统体育总体水平的提升。

（二）民族传统体育的发展空间将更广阔

在我国经济水平不断提高、科学技术不断发展、国家在民族传统体育方面投入力度不断加大的情况下，民族传统体育的场地设施得到了巨大完善，外界因素对民族传统体育的制约影响不断减少。在民族传统体育文化发展影响下，坚持进行体育锻炼的人数持续增加，结合地理因素和实际条件来开展民族传统体育项目成为有效途径之一，民族传统体育的发展空间越来越大。

和现代西方体育体系的竞技运动项目相比，民族传统体育项目的资源更加多样、内容的可选余地更大，适宜各个运动层次的人参与体育锻炼，其民众基础更加广泛。民族传统体育是一种本地域的体育运动形式，没有对场地器材设施提出过高的要求，拥有简单、易操作等长处。以民族传统体育中的武术为例，基本功练习适宜儿童，套路练习适宜青少年，太极拳适宜中老年人。场地器材对武术的制约比较小，武术不需要配备专门场地，很多种场地都适宜练习。与此同时，武术不受器械的制约，器械可以就地取材，木和棍就可以代替剑和枪。武术可以单练、对练、集体练习，练习人数同样也不受限制。

（三）民族传统体育发展的制约因素依然存在

对于大部分民族传统体育项目而言，都是在封建社会生产过程中产生并发展到今天的，当前广大群众的生活方式和以往相比出现了很多变化。从工业革命开始，在经济全球一体化的发展形势下，主流体育文化开始慢慢侵蚀边缘体育文化，当世界各地经济快速发展时，生活方式与生存观念也随之出现了很大变化，使得无数民族的无形文化出现了快速消亡与流变。民族传统体育作为边缘文化中的一种，同时面临着比较相近的困境，西方竞技体育正在逐步将民族传统体育挤到边缘地带。针对这种情况，一些人试图将民族传统体育改造成现代性体育运动，却并未取得理想效果，反而使民族体育越来越衰微。例如，传统武术是我国民族传统体育文化遗产的一个关键部分，其身陷困境的原因是"商业化、建设性破坏、人工化"，尽管这是在传承和发展民族传统体育文化遗产的背景下出现的，但从本质来看属于对传统武术的一种建设性破坏。倘若民族传统体育将民族文化历史的特色丢失，将民族文化的内涵与基本精神丢失，则其发展动力也会随之丢失，最终成为无根之木。

纵观民族体育文化的发展进程，因为民族传统体育项目与封建观念、迷信活动存在着无法割舍的关系，从当前来看可以大体概述为精华和糟粕同时存在，强项和弱项同时存在，该情况对民族传统体育有很多消极影响。因此，现阶段，必须全面深入地研究民族传统体育文化的弘扬与发展，对民族传统体育文化资源进行优化整合，进一步改善民族传统体育文化，构建出切实可行的民族传统体育项目的评估体系，科学评价民族传统体育，果断舍弃未能紧跟时代步伐的活动内容以及违背社会文明的活动内容。将拥有历史价值、贴近社会发展需求和人的发展需求、在现实社会与未来社会中存在与发展的民族传统体育文化保留下来。大力传承优秀民族传统体育项目，尤其是反映民族特性以及集艺术性、健身性、竞技性、娱乐性于一体的项目，从宏观角度强化行政管理机制，进一步明确民族传统体育在我国体育发展中的地位。把民族传统体育定位成群众体育工作的重中之重，进一步挖掘、整理、开发不同形式的民族传统体育项目，将越来越多的民族传统体育项目推向世界。此外，还要使民族传统体育逐渐发扬光大，构建出中华民族特色鲜明、科学完善的民族传统体育文化体系。

第二节　民族传统体育的概念与性质

一、民族传统体育的概念

民族传统体育就是富有民族文化特色的体育活动，是民族地区社会历史发展过程中一个民族或多个民族内流传或继承的传统体育活动的总称，通常特指我国各民族具备强身性质、健体性质、习武性质、祛病性质、娱乐性质的传统体育运动。

民族传统体育文化是指我国各个地区和各个民族代代继承和发展而言的，以实现强身健体、提高身体机能、提升民族社会适应能力和生存能力的人类社会活动，其蕴含着多种民族文化内涵和外延的传统体育文化。中国各个民族在漫长的生产实践与生活实践中逐步形成的传统体育文化，是构建中华民族传统文化的关键环节，拥有多种形式和丰富内容，涵盖休闲娱乐和强身健体等很多个文化领域。民族传统体育文化不但是我国传统文化历经数千年文明发展的结果，而且是我国弥足珍贵的非物质文化遗产。

纵观世界各项体育运动，大体能够划分成两大体育文化体系。第一，世界各国、各民族地区普遍实行的，孕育于西方国家民族地区的田径等运动项目，由于该类体育运动发展于古罗马、古希腊等，所以此类体育运动又被誉为西方体育运动文化体系；第二，只有东方等国家地区民族特有的民族传统体育运动文化体系，如中国武术、日本相扑、韩国跆拳道等，这些孕育和传承于东方各国家民族的健身活动、娱乐活动以及其他活动中，一般把这种体育运动文化统称为东方体育运动文化体系。

通常民族传统体育文化范畴有三个基本层面，具体如下。

(1)本民族固定拥有的民族文化。

(2)在传承和发展的基础上，形成的体育运动理论、体育运动内容以及体育运动形式。

(3)属于民族文化领域范畴内的体育现象。

二、民族传统体育的性质

民族传统体育就是在生存和竞争过程中以及社会劳动生产过程中的体育思想物化品，是人类社会不同以往的一种文化活动方式，反映了民族的价值取向、道德规范、哲学思想等，属于民族精神生活领域的文化。民族传统体育的性质主要包括以下几个方面。

(一)民族传统体育活动的健身性

健身性反映在运动以实现强身健体、提升生理机能水平、心理素质阶层以及社会适应能力为关键目标，在举办民族传统体育活动的基础上提高广大群众的身体素质和身体运动能力，优化民众身体素质，推动民众拥有强健身体和充沛精力，对民族生存能力与民族社会竞争能力的提升产生积极影响。

(二)民族传统体育活动的竞技性

竞技性是民族传统体育活动中竞争意识的重要反映。竞技性是能够最大限度地展现人的强壮、机敏以及征服性的活动，体育竞技的萌芽时间大约是原始社会。我国各族人民中传承的体育竞赛活动，在最初阶段主要来自于黄帝时期的宗教祭祀活动中。发展到先秦，技击是常见特征的武术已经取得了较大发展，由民族和地域构建而成的封建割据时代的国体政体，为满足生存需求和自然环境抗争，为扩大地盘发动军事战争，为增强势力不断扩充兵力。民族人民崇尚武力成为弱小民族的习俗。对于在生活中拓展与充实、在体育活动中传承和发展、在沟通中保持和传承的习俗来说，其具备别具一格的技击特征、练武特征以及宗教信仰特征，充分反映了古代体育竞技精神。竞技精神在民族中产生并流传，能够使参与者在彼此较量的竞赛中身心更加轻松，使参与者的意志得到磨炼，使参与者的智力得到启发。

（三）民族传统体育活动的娱乐性

娱乐性是指运动将重要目标设定为闲暇消遣以及健身娱乐，同时还拥有特定模式的民俗文化活动。娱乐性是各族人民在基本物质生存条件得到满足后，为使精神需求得到满足而开展的文化创造。由简单易懂、比较随意的常见传统体育项目，到技艺高深、规则严谨的竞技比赛项目；由适宜时间和地面、随意灵活的嬉耍，到结合季节特征的大型体育活动表演，再到把体育融汇在宗教信仰、生产方式、庆贺丰收中的节庆祭祀，民族传统体育汲取和展现了民族文化艺术，在有机结合民族舞蹈和音乐的过程中充分反映了民族传统体育的娱乐性。

（四）民族传统体育活动的适应性

民族传统体育在长期发展过程中，因为传统体育文化能够适应人类生理发展和人类心理发展，还能适应生存环境和生活习俗，具备可以满足各个层次人群体育需求的适应性。

例如，男性能够参与摔跤、赛马、举石锁、射箭等反映力量、速度、耐力、灵活性的运动项目，崇尚技艺和技能并且反映勇武精神的活动；女性能够参与秋千、体育舞蹈等反映平衡性、灵活性、韵律性的运动，尽力达到细腻、轻盈以及淡雅，努力达到心灵手巧能力以及向往体育的美学意境；青壮年作为民族传统体育活动的重要力量，老年人能够结合自身经验以及名誉来对青少展开技术指导并且做好竞赛评判人员，该特征不仅适应对应的生理特征，同时和个体在社会中承担的角色和任务也有密切关系。

分析传统体育活动可知，舞狮和叼羊等是集体对抗性质的竞赛，摔跤和赛马等则是个体对抗性质的竞赛，传统体育活动并非生命的常见活动，而是特定社会关系交往以及人文交往的总和，是反映民族整体素质的活动标志。

（五）民族传统体育活动的地域性

某个民族或者几个民族所处区域环境以及区域环境对应的各种自然条件，在和外来文化共同发展的过程中让所有民族均在自身文化背景基础上产生和其他民族不同的传统体育文化以及活动方式，客观反映了民族传统体育活动的地域性。

例如，北方居住环境是天高地阔，各族人民生产工具简单，民风质朴，在和大自然抗争的过程中逐步形成了勇武精神，赛马和摔跤等项目相对发达；南方居住环境是山清水秀、温度适宜，农业方面崇尚精细，物质条件比北方好很多，因此游泳和赛龙舟等项目有强大生命力。除此之外，北方和南方在风俗习惯、心理特征、社会进程等方面也存在着很大差异，就算属于同一个民族依旧会受地域影响，进而使传统体育开展水平存在很多很多不同，另外民族心理意识也会对其产生作用。

（六）民族传统体育活动的集体整合性

对于生活在民族地区、山寨以及部落的人来说，个人会和集体共同面对荣辱，个体通常有十分强烈的团体观念。在该观念产生和发展的过程中，生存条件与居住环境发挥着重要作用。面对自然、凶禽以及其他群体，个体都会显得势单力薄。人类要想在和自然的斗争中获胜并且更好地适应自然，在生存过程和发展过程中就必须借助群体力量和群体智慧，所以民族文化中尤为重视民族的集体性意识。随着民族集体性意识的不断增强，民族文化传统体育也有明显的集体性质。在民族体育习俗相似的情况下，通常能够对同一个民族和同一个地区的群众形成强大吸引力，由此在潜移默化中形成认同感与亲和力，纵观我国少数民族的众多传统体育活动，均有十分显著的集体整合功能。例如，对于参与苗族“铜鼓舞”的人们来说，所有人和集体都是难以分离的关系，参与者必须做到行动统一、整齐规范，同时要不断强化自身的群体意识与民族认同感，最终产生民族的凝聚力和亲和力。对于赛马和龙舟等项目，参赛时通常以村寨为单位，参赛者要具备强烈的竞争意识和集体荣誉感。在该特性的作用下，促使民族传统体育在少数民族地区群体活动和学校教育中的集体整合作用越来越突出。

第三节　民族传统体育的特点与价值

一、民族传统体育的特点

民族传统体育文化和体育活动中均具备明显的竞技性和健身娱乐性，是人们有计划地遵循特定途径来提高身体素质，使身体机能、心理素质以及社会适应能力能够全面发展的运动方式和运动文化。

不管是民族传统体育的竞技活动，还是民族传统体育健身娱乐活动，其民族地域性文化特征都十分明显，该特征往往体现在民族历史发展和文化底蕴两个方面，主要反映在其活动项目或运动项目源自一定的民族生存区域，从某种角度来说反映了民族文化传统以及民族民俗习惯，受到了各民族民众的广泛欢迎，在各民族地区有稳固的群众基础。民族传统体育文化具备历史继承和传扬性，所有项目和活动均为特定民族文化背景下，在特定历史条件中出现，同时在历史发展过程中保留精华部分、舍弃糟粕部分慢慢发展而成的。民族体育文化中带有对应民族特殊的特征和风格，这是构建民族文化的一个关键环节。学习民族传统体育学必须达到三方面的要求：首先，全面认识和构建民族传统体育文化的概念；其次，正确理解民族传统体育学的内涵和特性；最后，理解民族传统体育学和体育活动或现代西方体育文化的不同之处。

民族传统体育以民族大众为开展对象，拥有很多民族传统特色突出的不同种类的体育活动，民族性、传统性、历史性以及传承性都是其重要的特点。对于传统体育文化发展而言，民族性、历史性、传统性、传承性分别是它的基本核心、必然、延续、社会规律，这四项特点共同构成了民族传统体育的内涵与外延，对民族传统体育文化发展具有很大的推动作用。

（一）民族传统体育的民族性

民族性指在特定民族文化类型中，充当基本内核的民族文化，是针对特定文化类型的高度概括，实现对应民族所有成员的心灵沟通是其特性。不管是哪个民族，都和其他民族在风俗习惯、民族情调以及生活方式上存在着不同，这些不同升华后就发展成该民族的标志性文化。当人类集中聚集在特定的时间条件和空间条件时，一定会在特定生存环境和社会条件下形成对应的民族文化，同时会在长期历史发展过程中不断传承、不断发展、不断演变、不断革新。民族传统体育经历长期发展后，已经发展成彰显民族人民生理、心理、身体形态、思想观念的重要标志，同时逐渐渗透到民族体育活动中。在民族传统体育的发展过程中，部分已经存在的文化因素会逐渐消失，部分以前没有的文化因素会在发展过程中应运而生。

不管是哪个民族的文化，通常都会拥有和世界其他文化一样的内容以及演变规律，同时也有和其他民族文化有区别的特殊形式。民族传统体育的民族特性十分突出，以武术的技击为例，其十分重视“内外合一，形神兼备”，反复提出动作目的性与实效性的重要意义，要求参与者努力实现和谐的动作技术结构特性，这些都全面反映了民族传统体育的鲜明特征，是促进民族传统体育文化发展的重要动力。

（二）民族传统体育的历史性

由于民族传统体育是民族文化的重要组成部分，所以其也拥有历史性。民族传统体育是在漫长的社会生活与生产劳动中逐渐产生和发展的文化现象。在社会发展、人类发展、宗教革新和继承的过程中，慢慢发展成了当前的民族传统体育运动，民族传统体育的历史性具体是指孕育、传承、发展的过程，直到现在依旧保留着民族传统文化的特点和性质。

对于所有民族历史发展来说，民族传统体育的演变都具有必然性。民族传统体育并非单方面的文化，而是多元文化相互融合的复合体，在历史发展过程中使其文化内容出现了增加或减少，推动其文化模式、整体风格以及系统结构越来越成熟。在长期的历史发展过程中，部分民族传统体育项目的内容随着社会变化和自然环境变化逐渐消失或演变，但包括武术和舞狮在内的多项民族传统体育项目在趣味性、参与性以及竞争性的作用下，形成了旺盛的生命力，并且由此得以保留与承袭，同时在历史延续中获得了快速发展，最终经过不断改进发展成了我国广大群众喜闻乐见的民族传统体育项目。

(三)民族传统体育的继承性

文化发展的基本规律是积累性与变革性，无论哪代人均会在传承先辈文化知识的情况下，知识内容有所增长，这就是文化的积累性。文化会在政治和经济的演变过程中产生变化与革新，即文化发展的变革和创新。在剖析历史文化的积累过程和变革过程时，通常会产生部分比较稳定、在长时间内延续的内在因素，在文化积累过程中他们始终被肯定，在文化演变过程中依旧被保留，人们将其称之为传统。传统项目是观念形态的文化，其常常处在不断产生、不断淘汰的过程中。从这个角度展开分析，并非任何在历史舞台上露面的文化均是传统文化，传统文化是指存在重要价值、拥有强大生命活力并获得积淀、保存、传承下来的文化。民族传统体的内在因素中有很多是比较稳定且长时间保留下来的，如提高身心素质、提高社会适应能力、推动人类和社会交往等因素，这些因素在历史文化积累中始终被肯定，在文化变革中依旧被当成有利因素保留下来。民族传统体育是我国民族传统文化中的璀璨明星，有着十分旺盛的生命力，存在传统的延续、继承以及发扬的长处，尽管会在演变过程中经受社会的革新和创新，但其一直保留着传统的民族文化特性。

（四）民族传统体育的传承性

民族传统体育的传承性是指其在时间方面流传的连接性，换句话说就是历史的纵向延续性，其属于民族传统体育文化常见的继承手段和传递手段。要想有效传承民族体育文化，必须借助特定社会关系与社会要求。特定社会关系与社会要求，不但规定了人类在选择文化遗产时自由度，而且规定了人们在选择性传承和弘扬思想文化的实质。

民族传统体育文化是被传承、被发展、被创造的，要从本质上适应民族发展内在需求，这属于民族文化发展延续的内在规律。当民族传统体育文化形成后，会具备相应的稳定性与延续性，在发展过程中使其内容、形式、文化内涵更加丰富，从而在历史发展过程中得以保留，该传承性对增加民族凝聚力与意识认同有很大作用。在民族传统体育的传承与发展过程中，在各项因素的推动与制约下，民族传统体育文化在目的、方法、内容、手段等方面会随着社会历史发展产生和更加适应的变化。

二、民族传统体育的价值

（一）民族传统体育的经济价值

民族传统体育来源于民族意识、民族精神以及民族文化的长时间沉淀和革新，可以和民族经济发展形成互动，具备显著的推动作用，所以立足于民族传统体育和社会经济互动的角度，民族传统体育在经济价值上有很大的开发空间。伴随旅游业发展进程的不断推进，民族传统体育经济价值的作用越来突出，少数民族传统体育和民族地区旅游业发展能够产生彼此推动的作用。

在生活质量不断提升的情况下，广大群众的工作压力越来越大，很多人对都市生活产生了厌倦心理，渴望过园林生活。随着工作任务越来越重、生活方式越来单一化，很多人向往大自然的动机越来越强烈，前往少数民族地区旅游、感受民族传统体育项目的魅力已经成为很多人休闲的一个选择。这个属于民族传统体育在当前和旅游业相互促进，加快经济发展速度并发挥经济价值的重要基础。

民族传统体育可以推动民族地区的经济发展，把少数民族群众喜闻乐见且民族特色与地方特色十分鲜明的传统体育项目融合在相关活动中，由此形成临时市场，推动地方经济贸易的快速发展。近些年来，很多地方通过“体育搭台，经济唱戏”的策略来推动地方经济，如此不仅能有机结合当地经贸，还能对附近区域民众积极参与、积极沟通形成强大吸引力，也对民族地区特色产品销售、经贸联系、社会沟通、推动地方经济发展有举足轻重的影响。

民族传统体育和地方经济的互动发展，将民俗节日庆典的经济性质表现得淋漓尽致，即节日庆典和其余劳动产品相同，同样能够转变成商品，和经济资本相同可以赢得经济利益，可以对地方经济发展产生推动作用。因此，要深层次开发民族传统体育文化资源，对民族传统体育文化的所有功能展开整合和运用，恰逢民俗活动和节日时要认真实施“体育搭台、经济唱戏”的工作方针，如此能够使少数民族人民的日常生活更加丰富，能够为民族地区经济发展灌注活力。

（二）民族传统体育的文化价值

民族传统体育是民族文化宝库中极为珍贵的一个部分，具体表现为：一方面，民族传统体育是可供人类选择的运动形式受其他文化的限制，特别是会受到人的生命价值观、审美心理、民族心理等精神文化的作用；另一方面，其是主动作用于其他文化的重要因素，同时有机结合其他文化形式来对人的身心素质发展和社会适应能力发展产生影响。民族传统体育不但是一种文化现象，而且是一种增强各族人民体质、运动技能以及社会适应水平的文化途径，其牢牢立足在各民族文化的土壤中，同时在继承和发展中慢慢表现出旺盛的生命力。纵观我国各族的传统体育运动项目，绝大部分都是集多种表现形式于一体，内容、形式以及风格都极为丰富。例如，壮族的三人板鞋竞速、蒙古族的曲棍舞、瑶族的跳八音等民族传统体育项目，不但拥有鲜明的民族特色，而且拥有娱乐健身运动特点以及美学的艺术欣赏价值。在参与民族传统体育项目的过程中，参与者和观赏者这两个群体可以实现充分融合，在精神上获得享受。

在民族传统体育的大部分项目中，均具备阶层比较高的文化价值以及稳固的群众基础，和民族的传统文化、传统观念、价值取向、意识存在直接关系。在民族地区大范围、深层次地开展和普及民族传统体育运动，不但是继承和弘扬民族文化的有效措施，而是开展民族文化教育的有效措施。

(三)民族传统体育的社会价值

纵观我国近代体育运动的发展进程，体育运动项目资源通常来源于西方体育文化体系，和我国主流体育相比，民族传统体育依旧身处民间性的边缘体育。新中国成立之后，党与国家在开发和整理民族传统体育运动文化、举办和推广民族传统体育运动上投入了大量精力，民族传统体育已经慢慢发展成促进各民族团结、贯彻国家民族政策的一项有效途径。对于民族传统体育的这方面作用，能够追溯到新中国刚刚成立的阶段，那一时期不同级别政府邀请过少数民族体育代表前往各个地区参与体育娱乐表演，进而拉近各民族之间的距离，使各民族之间更加了解、更加团结，最终达到营造和谐社会氛围的目标。此类利用民族传统体育文化的交流以及民族文化融合来促使各民族深入认识国家政权和社会发展的策略，反映出对民族传统体育文化在国家、政治、社会发展价值方面的肯定。在现阶段，要想推动我国各民族更加和谐、更加团结，并且营造出和谐的社会氛围，要在践行当代国际盛行体育形式和我国文化相互融合的措施的基础上，积极开展不同形式的民族传统体育项目竞赛。

第四节 民族传统体育的文化内涵

民族传统体育的文化内涵主要包括物质文化内涵、精神文化内涵、制度文化内涵，具体如下。

一、民族传统体育的物质文化内涵

民族传统体育物质文化是有形文化，是人类能动作用于环境的物化记载，其将人类对环境的改造和创造摆在了重要位置。随着民族传统体育发展进程的推进，人们对自身与周边环境的联系有了更加深入的理解。在人类意识不断强化的基础上，逐渐将已有认识物化在更多物质制品上，逐步扮演民族传统体育文化中最活跃的环节，由此发展成民族传统体育文化的突出标志之一。为深入理解民族传统体育的物质文化内涵，这里从运动器材、器械设备方面展开详细阐析。

我国拥有很多民族传统体育项目，各族人民要想完成体育项目的动作，一定要借助刀、箭、枪等器械，这些器械是我国先辈们在社会实践中逐步创造而来的，同时经历了无数代中华儿女的改进和革新。民族传统体育运动器材和器械设备，不但彰显了人类的文化创造，而且凝聚着无数人的心血和智慧。因此，将运动器材和器械设备列入民族传统体育物质文化内涵的研究范畴中有很大的必要性。

例如，龙舟竞渡项目作为民族传统体育项目之一，其使用的龙舟主要由龙头、船体、龙尾、装饰品以及锣鼓等组成。不仅龙舟船体的形状和宽窄都有明确的规定，同时不同地区的龙头、龙尾、龙舟装饰也存在着很大不同，并且很难找出其中的共同点与规律性。除了常见的龙舟外，还有造型独特的凤船与龙艇等，这些龙舟的出现都彰显了我国各族人民的智慧。

再如，风筝不但是我国优秀的民族传统体育运动，还是我国古代的重要发明之一。在地域性的影响下，各个地区的风筝存在着很大不同，最为典型的是北京、天津、潍坊、南通的风筝。北京最具代表性的风筝是金氏风筝和哈氏风筝；天津影响力最大的风筝制造者是周树泰、魏元泰、张七把兄弟等，其中周树泰创作的“三百梅花竹眼硬膀蝴蝶”惊艳全国，是将汉字风筝飞上天的第一人；潍坊风筝的显著特点是工艺精美、浑厚淡雅，常见样式结构有立体式、半立体式、平板式、立体很容平板结合式，常见构造是软翅、硬翅、活翅，潍坊风筝制作名家有王福斋、陈哑巴等，王福斋在人物绘画上表现出了超出常人的优势，他把国画传统技法淋漓尽致地应用在绘制风筝上，使得风筝艺术水平获得了大幅度提升。

运动器械除物化的文化之外，还是体育物质文化发展的重要部分，在民族传统体育物质文化内涵中有着极为重要的作用。

二、民族传统体育的精神文化内涵

民族传统体育的精神文化是无形文化，同时充当着文化的核心与灵魂，是划分文化类型的一项重要标志。纵观我国几千年的发展历史，我国民族传统体育在封建与农业型文化中积极完善和发展，其在我国传统文化背景下产生，传统文化与传统观念对民族传统体育有十分重要的影响。具体来说，民族传统体育的精神文化内涵主要反映在以下方面。

（一）追求人与自然和谐统一

在自然经济与传统观念的双重作用下，我国民族传统体育立足全局，从客观角度概述了运动过程中人体的形态、机能、意念、精神以及这些状态与外部关系。

民族传统体育有很多种锻炼方式，常见训练方式是基本功练习与完整练习相结合，该训练方式充分反映了我国各族人民追求平衡、顺应自然的主体化思维方式，在解决西方科学主义“主客之分，身心两分”导致的科学危机上发挥了不可替代的作用。

需要强调的是，我国还需要重点完善传统体育促进健康方面的研究，这一方面的问题急需相关专家与学者的重点关注，相关专家和学者需要在“阴阳平衡”的基础上，进一步研究体育运动对人类健康的各项作用，以此从根本上实现人和自然的和谐。

（二）守内、尚礼、恋土的民族情结

对于民族传统体育的守内、尚礼、恋土情节，可从体育原理、技术特点、竞赛规则三个方面加以理解。在体育原理方面，主要反映在我国各族人民始终追求平衡和顺应世间万物的主体化思维方式上。在技术特点方面，主要反映在我国各族人民积极发挥智慧、坚持追求技巧的审美心理上。在竞赛规则方面，我国民族传统体育的表演性特点十分突出，在动作规定和比赛规则两方面没有完全具体化，在整个交手过程中都做到文明礼让和点到为止，这突出体现了我国各族人民守内、尚礼的性格特点，中国象棋就是该特点的充分反映。

我国各民族发展历史久远，在以往农业型经济、中央集权制以及儒家思想的影响下，慢慢形成了特色鲜明的民族传统体育。以我国封建社会为例，学校主要教授的内容是治人与济世，把脑力劳动摆在了关键位置，对脑力劳动与体育劳动做出了清晰区分，发展不平衡问题由此产生。针对这种情况，民族传统体育健康发展成为难以达成的目标，有时还会受到排挤。在封建统治阶级思想的长期作用下，我国民族传统体育在养生和保健两方面取得了一定发展。

（三）讲求伦理教化、等级思想严重、崇文而尚柔

在传统儒家文化的长期作用下，我国古代体育特征主要反映

在三个方面:目的作用方面的伦理教化价值走向;尊卑有别的等级观念;崇文尚柔的运动形态。

人类最高需要是道德需要,人类最大价值是道德价值的思想,这两个方面得到了绝大多数封建统治阶级和儒家大家的支持。在这个时期,"内圣外王"的贤人成为人们的人生奋斗目标和理想高度。然而,因为封建社会将伦理教化摆在了重要位置,严重扭曲了集健康性和合理性于一体的思想观念,单方面地将道德摆在重要位置,将其他方面完全剔除,造成该思想观念的科学性逐渐消失,最终在错误道路上越走越远。在该思想状态的作用下,无法准确理解中华民族传统体育的价值,完全剔除了民族传统体育的娱乐功能与健身功能,民族传统体育的发展速度越来越慢,并且未对人们身心健康发展产生有利作用。

纵观我国民族传统体育发展的全过程,尊卑有别思想贯穿始终,并且对体育用品和体育活动顺序产生了重要影响。在民族传统体育活动的整个过程中,参与者和观赏者要时刻符合君臣有别、长幼有序的体质要求,体育竞争的公平性不断降低,西周射礼就是该项问题的突出反映。因为我国民族传统体育表现的特征与体育本质存在着很多出入,所以对我国民族传统体育产生了很多消极作用,最终使那个历史阶段的国民体质下降问题越来越突出。

(四)群体价值本位

在我国传统文化中,尊尊亲亲宗法观念始终占据主导地位,具体特征就是将尊尊亲亲价值观念以及家庭和家族设置成本位朝外部拓展,由此拓展至社会中的所有群体。在这种宗法观念的长期作用下,我国传统文化价值取向开始从本位转化成社会群体。随着这种价值取向的长期影响,发展民族传统体育过程中把个人当成基础的竞争难度持续增加,由此必然会对民族传统体育产生很多限制。

三、民族传统体育的制度文化内涵

体育制度文化是体育文化中层结构，是体育文化学研究和体育史学研究的一个关键层面。体育制度是指在特定历史条件下，产生的体育社会关系和有关体育社会活动的规范体系。制度文化主要有政治制度、法律制度、经济制度等。同物质文化、精神文化一样，制度文化也属于文化层次理论结构的重要因素。制度文化对社会发展和人类日常行为有规范作用与约束作用。深入研究民族传统体育的制度文化，对准确分析特殊历史时期的体育政策、法规运动情况、优势、劣势有重要作用，同时还能在对比研究国家与民族制度的基础上，找出更加适应时代需求的体育发展措施。这里主要对宋朝至清朝时期的体育体制进行详细阐析。

在宋明理学以及“八股取士”制度的影响下，重文轻武观念逐步在宋朝至清朝时期的众多思想中占据核心地位，该思想对体育运动发展产生了很大影响，在这一历史阶段中，军事体育和学校体育的发展速度很快。在宋朝，武学作为专门的军事学校出现，这使得学生的学习内容更加具体，把学生学习内容分成了理论和实践两个部分，同时严格的升留级制度被广泛推行，选拔军官时开始应用考试制。在军事训练过程中，教格法与教头保甲制度的实行范围不断扩大，不但顺利构建了由上而下、按照统一规格训练的训练网，而且对军事体育全面发展产生了积极作用。

在宋代之后，武术运动不仅表现出了可喜的发展走向，也逐渐形成了比较独立的体系，休闲娱乐体育获得了较好的发展成效。在这一阶段，瓦舍是人们开展休闲体育活动与娱乐活动的重要场所。“社”的出现有效促进了休闲娱乐体育的发展，如“英略社”“齐云社”等。在休闲娱乐体育的作用下，传统体育活动只能在事先设定的道路上前进，无法完全突破传统体系的束缚。

纵观宋朝至清朝民族传统体育的整个发展过程，养生术与炼养术逐步发展成了运动保健方式与康复方式，并且传播范围不断扩大，得到了很多人的推崇。除此之外，引导术发展速度相对较快，逐渐出现了八段锦、易筋经等民族传统体育项目。

第二章　学校教育与民族传统体育教育学研究

学校是人类文明得以延续和发展的重要途径，也是对人进行培养的重要场所，因此学校教育的重要价值和意义是不可磨灭的。随着时代的进步和发展，体育逐渐成为学校教育中的重要内容，而民族传统体育作为体育的一种存在形式，也被纳入到了学校体育教学之中，它是凝聚了一个民族的智慧和文化。对学校教育和民族传统体育教育学进行研究对民族传统体育教育的发展有着很好的促进作用。

第一节　学校教育学相关理论

一、教育学学科的起源与繁荣

教育学作为一门社会科学，它主要是对教育问题和教育现象进行研究，将其中的教育规律揭示出来，以更好地对教育实践进行指导。教育现象，即人类各种教育活动的外在形式，是教育学的主要研究对象；对教育规律进行揭示是其研究的主要任务，换句话说就是帮助人们对教育领域中各个事物之间的本质联系以及必然的发展趋势有一个更为深刻的理解和认识。通过提供相应的科学理论来更好地指导教育实践是其研究的主要目的，以使人们能够指导教育是什么、为什么和怎么样的问题。

教育学有着一个非常漫长的萌芽时期，这一阶段主要涵盖了中国从春秋战国到清末时期大约 2 500 年的时间，欧洲从古希腊到资产阶级革命大约 2 200 年的时间。这一阶段的教育尚未形成较为系统的理性认识，只是处在传授经验的阶段。教育思想比较分散大都见于哲学家、思想家、政治家的言语记录或哲学、政治、伦理或教育著作中，并没有形成一个比较科学的理论体系。值得一提的是，对于教育的这些相关论述都是非常精辟且深刻的，其中也有很多具有较高的科学成分。这些教育思想既对当时的教育实践产生了较大的影响，而且正是在这些伟大认识的基础上才形成了如今的教育学内涵。

许多学科从欧洲文艺复兴开始便逐渐从哲学母体中分化出来，发展成为一些独立的学科。在此其中，教育学经过不断的发展也逐渐形成了自身的理论体系。教育问题在这一时期成为专门的研究对象，也形成了对教育本质和规律加以揭示和反映的概念，产生了一些比较系统的教育学著作，也出现了很多非常重要的教育学家：比较著名的、具有典型性和代表性的人物有夸美纽斯被称为“教育学之父”；赫尔巴特被称为“科学教育学之父”；卢梭被称为“教育史上的哥白尼”。此外，还有英国的著名思想家斯宾塞等。

进入到 20 世纪之后，研究手段和科学发展也越来越现代化，同时教育学业得到了非常快速的发展，并出现了很多不同的教育思潮和教育流派，如文化教育学、实验教育学、批判教育学、实用主义教育学、马克思主义教育学等。

到了 20 世纪 50 年代之后，在科技方面整个世界都进入到了快速发展的时期，在促使经济发展和生产效率提高方面，对智力的开发和运用成为其中非常重要的因素，这也在世界范围之内引发了新的教育改革，对于教育理论研究的发展起到了非常好的推动作用。在这一时期，通过将基础理论和应用研究有机结合起来，采用多种学科的方法来对教育展开综合研究，并进行了非常广泛的教育整体改革实验。

学习日本的教育学是中国教育的开端。

1901年，由日本学者立花铣三郎讲述、王国维翻译的《教育学》在《教育世界》上得以刊载，这被视为中国教育学的开端。师范教育体制在1912年得以正式确立，在教育学方面，中国人开始独立从事相关的教学工作。新中国成立后，我国教育学经历了由引进到逐步结合中国实际创建的发展过程，并接连出版了一些前苏联时期的教育学教材，其中影响最大、流传最广的当属凯洛夫的《教育学》。随后，由于十年文革的影响，教育学学科在发展方面遇到了非常大的阻碍，并受到了很大程度上的破坏。在文革时期结束之后，中国教育学也开始得以恢复并逐渐走上正轨，相继出版了很多的教育教学专著和教材，如叶澜的《教育概论》、孙喜亭的《教育原理》、王道俊的《教育学》等。与此同时，一些专家和学者也对国外的一些优秀的教育学著作和教材进行了翻译，并将那些具有较大影响力的教育教学思想传入国内。

中国教育学研究领域和视野在改革开放后得到而进一步的拓展和深化，国家与国家间的相关交流活动变得日益频繁，学科在批判意识和自我反思方面得以不断加强，从而形成了一个具有中国特色的教育学科体系。

为满足现代社会政治经济快速发展需要，跟随现代科学综合和分化的发展趋向，教育学也在不断地扩大自身的研究领域。在关注相关教育问题方面也不只是局限在比较单一、孤立的教育领域，而是通过对其他学科的研究成果进行汲取，并对多门学科研究方法加以综合的基础上，形成了一个多维视角，教育学逐渐分化成具有多种分支学科的完整的教育科学体系。

二、教育学主要理论阐述

教育作为一种活动，它是对人进行有目的地培养，为了能够更好地促使这种活动能够根据教育者的意愿向着预先设定的目的顺利前进，教育家们在对教育发展规律进行探索方面投入了很大的精力，并对一系列的教育理想模式加以设计，正是这些努力为教育学理论的更好发展打下了坚实的基础，同时这些也成为世界教育思想发展场合中的重要组成部分。

(一)孔子的儒家学派教育理论

众所周知，孔子是我国古代最伟大的思想家和教育家，同时他也是儒家学派的创始人。孔子的教育思想被收录在《论语》之中。作为我国古代的教育思想家，孔子对中国教育的发展产生了非常重要的影响。在封建社会时期，儒家学派成为各时期统治阶级的官方哲学。孔子提出了“有教无类”的口号，使得文化教育得以下移，并对教育公平进行了倡导。他对《诗》《书》《礼》《乐》《易》《春秋》古籍的整理和教学，既很好地对古代传统文化加以保存，同时也促使我国古代教育内容远离宗教，表现出了非常显著的人文主义特征。在人和社会的发展方面，孔子对教育所发挥的作用予以充分肯定，特别强调“学而优则仕”的教育目的，这一方面使得中国在教育功能方面有了更为功利性的认识，另一方面极大地发挥出了教育的政治伦理功能，从而成为推动我国古代教育不断发展的动力来源。

此外，孔子所提出的一系列的教育教学方法和原则有着非常显著的效果，同时其所提出的“志于道，据于德，依于仁，游于艺”“学而不思则罔，思而不学则殆”“三人行必有我师”等名言被后世广为传承。

(二)苏格拉底的“产婆术”教育理论

苏格拉底生活在古希腊时期，他是当时非常著名的教育家和哲学家。在教学方面，苏格拉底做出了非常重要的贡献，即创造了“苏格拉底问答法”，又被称为“产婆术”。这种方法被创作出来的重要依据就会感觉印象远不如概念可靠。在获得知识方面，不能认为知识是可以用来移植的，也不能认为通过教学过程就能使知识直接进入到学生的心灵之中。

对于一个人的学习来说，苏格拉底认为这样一个学习过程主要是需要自己去对问题进行思考，即依靠“自知”。对于教育者来说，传授知识并不是其主要的作用，而是对学生进行启发，促使其去求取知识，教育者要让学生对自己的无知有清醒的认识，只有使学生全面认识知识，才能促使其更好地求知，自觉地追求知识。教育者并不是将具体的知识向学生进行教授，而是将学生内心的知识引导出来，使这些知识成为学生的实际知识和技能，教育者在这个过程中是伴着知识的“产婆”角色。

在具体的教育过程中，教育者先向学生提出问题，如果学生回答错了，也不会直接指出，而是对问题进行暗示性的补充，以使学生对自己的无知有所认识，并在教育者的暗示和引导中得出正确的答案。

由此可见，这种方法就其本质来说，是一个师生共同辩论和讨论的方法，能够积极地促进学生思维的发展，但是这种讨论由于缺乏大量的知识文献阅读和对实际现象的观察，这就使得无法进行更为深入的讨论。

(三)夸美纽斯的泛智教育理论

自从担任了拉丁语学校的校长之后，夸美纽斯就开始对教学改革方面的问题进行潜心研究，由于其在世界教育发展方面做出了非常重要的贡献，被人们称为“现代教育之父”。通过以具体实践做出基础，夸美纽斯撰写了很多经典的教育学著作，如《泛智的先声》《大教学论》《语言学入门》等。

泛智教育理论的提出，夸美纽斯意在通过施加一种教育，使所有的人能够具有全面、广泛的知识，并且他们的智慧也会得到更为普遍的发展。以此可以推出，泛智主义的课程体系包含了非常广泛的知识门类，在《大教学论》中，他提出“人人应该受到一种周全的教育，并且应该在学校里面受到”。对于什么是“周全的教育”，夸美纽斯认为要德行、学问和虔信三者都要具备。

就学问来说，它是非常广博的，一个人很难对所有的艺术和科学都能够了解，这既是不可能实现的，同时也是没有必要的，即使一个人具有非常高的智慧，他也很难在有限的人生时段内对所有的知识和艺术进行彻底掌握。可见，“泛智教育”并不是“全智教育”。由此可见，必须要依据某种标准来对所有的知识进行相应的取舍，这一标准便是“当前和将来生活上的所需”。

在泛智教育基本思想的基础上，夸美纽斯将课程划分为三大类，分别是主要课程、次要课程、第三类课程。同时按照从低到高的顺序将教育划分为四种类型，分别是母育学校的教育、国语学校的教育、拉丁语学校或高等学校的教育、大学教育或旅行。不同的年龄阶段，所采用的教学方式、课程和教学方法都是不尽相同的。根据这一理论，我们能够很清楚的知道，夸美纽斯受到人本主义思想的影响，无论在什么样的学校中，在课程的开设方面都有一个最为基本的价值取向：重视人自身的发展和人的现实生活。

（四）卢梭的自然教育理论

让·雅克·卢梭生活在18世纪的法国，他是著名的哲学家、思想家和教育家，由于长期的经历，他对生活在社会底层的民众的痛苦和不幸有着很深刻的体会，也亲身感受到了社会所带来的各种屈辱，这也使得其在论著中对封建统治阶级表达了强烈的不满，并进行了深刻的批判，同时也对“天赋人权”的资产阶级政治思想进行大力宣传。卢梭在1762年出版了一本酝酿了20年的教育小说《爱弥尔》。他在这本教育名著中提出了重要的主张，即教育要适应儿童的自然天性，不能对儿童的个性进行压抑和摧残，积极号召社会关爱儿童，同时也为未来社会进行培养新人方面绘出了一幅理想蓝图。

《爱弥尔》一书开宗明义第一句话便是：“出自造物主之手的东西，都是好的，而一到了人的手里，就全变坏了。”①尽管这样，但

---

① ［法］让·雅克·卢梭.爱弥尔［M］.冯国超，译.北京：中国社会出版社，2000.

是如果缺少了相应的教育，就会使事情变得更糟糕。人如果出生之后缺少相应的管教，将受到种种境遇的支配，这就很难使人的天性得到尊重，人也不能自然完成。但是，这种教育必须是自然教育。

这里所说的自然教育就是要对自然的永恒法则予以服从，听任人的身心得以自由发展。其基本指导思想就是着重强调教育儿童，要对自然的要求予以遵循，并对人的自然本性予以顺应，极力反对成人忽视儿童的特点，按照传统和偏见来强迫儿童接受与自然相违背的所谓教育，对儿童的自由发展横加限制和干涉。通过进行自然教育所培养出来的“新人”，或者说“自然人”要与封建社会教育不同，这种“自然人”并非同社会相脱离的“超人”，而是同天性相符合、身心都得到和谐发展的人。

(五)赫尔巴特的传统派教育理论

作为一位德国非常著名的教育学家和哲学家，约翰·弗里德里希·赫尔巴特有很多教育方面的著作，主要包括《普通教育学》《教育学讲义纲要》《关于心理学应用于教育学的几封信》《论世界的美的启示为教育的主要工作》等。对于自然主义教育中所提出的适应自然的原则，赫尔巴特予以明确的反对。在他看来，将人交给自然是非常愚笨的，其倡导有教师来采取一些与儿童发展规律相符合的教学程序，将知识和品德有计划地向学生进行传授，为此他一生的工作就是寻找这种程序。

赫尔巴特通过以观念心理学作为基础，将整个教学过程划分为四个阶段，即明了、联想、系统、方法。而学生的心理状态分别处在注意、期待、探究、行动四种情景。教学过程通过静态、动态的专心活动(即“钻研”——接受和学习教师所讲材料)和静态、动态的审思活动(即“理解”——深入思考新材料)两个环节得以实现。这种理论虽然对教学过程的规律进行了一定程度上的揭示，但太过于刻板，流于形式。

(六)斯宾塞的实科教育理论

赫伯特·斯宾塞生活在19世纪中后期的英国,他是当时著名的实证主义社会学家、哲学家和教育家。在当时,自由资本主义已经发展到了鼎盛时期,并开始进入到了垄断资本主义社会。随着社会生产和科学的高度发展,社会既要对精通工商业的管理人才进行培养,同时也要对掌握一定实用技术的大量工人进行培养。为了更好地适应时代发展的需求,斯宾塞对盛行于当时的古典主义教育虚饰大于实用进行批评,认为它不断无法满足人的个体需要,同时也无法促使人的个性得以充分发展,并在此基础上提出了真正的教育要将个人过"完满的生活作准备"为主要目的,其主要任务是让人们学会如何生活。因此,他认为教育的内容应该是那些具有很高价值的知识——科学。

根据既定的教育目的和教育任务,以及所判断的最有价值的知识,斯宾塞提出了实科课程体系,这一课程体系是以科学教育为中心的。斯宾塞认为普通学校的教育内容可以划分为以下五部分。

(1)生理学是第一部分,它能够直接保全自己活动所需要的知识。

(2)第二部分既包括读、写、算,同时也包括生物学、数学、光学、力学、化学、热学、电磁学、地质学、天文学、社会学等,以上这些知识同生产活动有着非常紧密的联系,能够使人容易谋得生存,并且帮助人间接保全自己所需要的知识。

(3)教育学、心理学是第三部分,它主要是为了更好履行父母的职责所必须掌握的知识。

(4)历史学是第四部分,这是一个公民履行职责所必须具备的知识。

(5)审美文化是第五部分,该部分包括诗歌、音乐、雕塑、绘画等,这些知识是人们为了更好地度过闲暇时光所必须具备的。

在这一教育内容体系中,其核心是自然科学,这对于古典人文主义占据绝对优势的英国学校教育来说，无疑是一场革命，能够很好地使学校课程紧密地联系现实社会。但这种教育理论太过强调功利，对人文学科的价值有所忽视，存在矫枉过正之嫌。

(七)蔡元培的五育并举教育理论

蔡元培是我国著名的革命民主主义者和杰出的教育家，同时他也是我国知识界的先驱。从根本上来说，教育工作就是为被教育者的能力发展提供相应的帮助，促使其养成“完全人格”，从而为人类文化的进步尽到相应的责任。根据中国传统教育观念对群性非常重视，但对个性发展予以忽视的特点，蔡元培提出要从人的个性发展出发，借助于教育来更好地协调群性和个性，使之得以共同发展。

因此，对于教育，蔡元培将其分为两个方面。

(1)是属于政治者，主要包括公民道德教育(德育)、实利主义教育(智育)、军国民教育(军事体育教育)。

(2)超逸于政治者，它包括美感教育和世界观教育。

公民道德教育(德育)、实利主义教育(智育)、军国民教育(军事体育教育)这三者的目的是对现象世界的幸福进行追求；美感教育和世界观教育这两者的目的是对实体世界最高精神境界进行追求。

在培养“完全人格”者方面，为蔡元培制定了“五育并举”民国教育方针，对中国现代教育思想的发展起到很多的引领作用。

(八)杜威的实用主义教育理论

约翰·杜威是美国非常著名的教育家和哲学家，它曾经创办了芝加哥大学实验学校，又称为“杜威学校”，专门针对教育问题来开展相应的实验研究，同时多次到中国、土耳其、苏联、墨西哥、日本等国家进行演讲和考察，使得其教育理论得以在世界范围内进行了传播，影响有了进一步扩大。

杜威创造了实用主义教育思想，其教育理论是以人性论、生物本能论、实用主义哲学、庸俗进化论等诸多理论作为基础的，针对教育的本质，通过提出“教育即生活”“教育即生长”“教育即经验的不断改造”三大论点来进行概括。他对传统教育中的分科课程，对现成的、孤立于学生经验之外而提供的知识予以反对。

他强调要把课程与教材恢复成它被抽象出来的原来的经验，也就是说，通过以儿童现在的生活经验作为基础来对课程和教材进行构建。儿童本身的活动就是课程，也是教材。在教育体系方面，杜威将心理学、社会学和哲学等理论作为其理论基础，一方面能够很好地反映出其全部的学术观点，另一方面能够使自己的教育理论表现为一个更为完整的科学体系，以此来进一步加强其教育理论的深度。

(九)陶行知的生活教育理论

陶行知是我国现代伟大的“人民教育家”。陶行知创造了生活教育理论，便将这一理论始终贯穿于其自身的教育思想和教学实践各个方面。这一理论是在陶行知从事平民教育和新教育的过程中所酝酿出来的，同时这一理论在他从事乡村教育运动时期得以丰富，从而成为一个系统、全面的观点。其生活教育理论主要包括三个重要观点，分别是“生活即教育”“社会即学校”“教学做合一”。

“生活即教育”，是生活教育理论的核心内容，它既是陶行知的教育目的论，同时也是教育内容论。对“教育取决于生活，生活是教育”的中心的思想做了明确规定。

“社会即学校”同“生活即教育”有着非常密切的联系，它主要是指通过对社会环境加以充分利用来开展教育。

“教学做合一”是生活教育理论的教学理论，它是指对学生的积极性和主动性加以充分调动，并将理论与实践、知与行、劳力与劳心进行有机结合起来，以对学生的创造力和生活能力加以更好地培养。

陶行知是在受到五四“民主与科学”的大旗指引，对封建传统教育和洋化教育进行批判的基础上，对中国教育现状进行了解并对教育实践活动亲身经历之后提出了生活教育理论。可以说，这是一场教育改革运动，它是在为生活在半封建、半殖民地社会的普通民众建立教育体系，是对中国现代教育理论的构建所进行的一次非常重要的探索。

第二节　民族传统体育教育学的研究领域与内容

一、民族传统体育的教育史研究

历史是过去的现实，现实是将来的历史。“无限的过去都以现在为归宿，无限的未来都以现在为渊源”。作为一门重要的科学，历史除了能够对人类社会前进发展的足迹进行记录之外，同时它也对人类社会发展过程中所产生的什么任务、发生的事件进行记载。历史是凭借一种无法看到的力量来对现实社会中人们的意识和生活产生影响。在现实生活中，一些观念和现象都能够从历史中找到其所存在的根源和影响。

从原始社会开始，我国民族传统体育就已经产生处在萌芽状态的教育，并且民族传统体育教育的内容和方式在不同的历史阶段也是不尽相同的，但都有丰富的教育经验蕴含其中。某一时代中的民族传统体育即使对这一时代政治经济的间接反映，同时也为这一时代的政治经济提供服务。因此，在研究民族传统体育的教育史方面，既要对人类社会发展过程中所存在的民族传统体育教育客观规律进行发现并说明，还要对其未来的逻辑发展方向进行探寻，以为民族传统体育得以更好发展提供重要的理论依据和借鉴。

就目前而言，在现代教育研究中，对教育史研究已经成为当下研究的热点之一，作为教育史的重要组成部分，对体育教育史的研究也呈现出连年不断上升的趋势。在体育教育史研究或民族传统体育史研究中，虽然多少会涉及民族传统体育的教育史研究，但对其所开展的专门性研究却是少之又少。作为我国传统文化中最为宝贵的财富之一，民族传统体育发展至今已经历经几千年，其所包含的教育经验有很多都是值得进行深入研究的。尤其是在20世纪中叶之后，随着中国社会的急剧变革以及西方强势文化的冲击，我国民族传统体育教育也因此受到了很大的影响，产生了一定的变化，如现代教育思想日益多元化、课程与教材建设日益系统化、教学方法与手段日益科学化，这些在当时都对民族传统体育教育产生了非常巨大的影响。随着时间的推进，这种影响不但没有因此而消亡，反而随着信息化、国际化进程的加快，它的路径依赖性越来越突出。由此可见，对民族传统体育教育从历史的角度来进行研究是非常重要的，它既是当时民族传统体育教育改革的需要，同时也是民族传统体育学科得以更好发展的需要。

二、民族传统体育课程与教材研究

课程是预先设定的教育内容及其相关结构、进度和进程，其目的主要是为了实现一定的培养目标。作为一个基础工程，课程健身能够对未来人才进行更好地培养。课程的合理性和科学性对未来人才的素质有着直接的影响，也会对未来社会发展产生影响。根据不完全统计，我国已知的民族传统体育项目有977项，但在全国目前的课程与教材健身方面，只有武术“独当一面”。所以，对民族传统体育课程与教材的建设方面的研究仍然有很长的路要走。

近些年来，在传统文化方面，我国给予了越来越高的重视，吸引越来越多的人开始了解传统文化，并融入其中，越来越多的研究者也开始关注民族传统体育教育问题，伴随而来的研究的问题也非常多。

例如，课程目标问题，通过开展民族传统体育教育，能够使学生在传承民族传统体育文化和掌握相关技能方面要达到一个什么样的程度，为了促使课程目标得以实现，怎样对民族传统体育课程结构的统一性和多样性加以科学、合理的处理；再如，确定民族传统体育课程内容问题，在对课程内容进行选择是采用什么样的原则和标准，小学、中学、大学在民族传统体育方面教授什么样的内容，如何将他们之间进行有效衔接起来；还有对当前武术课程进行改革方面的问题，包括改革武术课程的实施方法，教师观念更新、教学手段更新、知识更新与课程改革等诸多问题，这些问题都是值得予以高度关注，并进行深入研究的领域。

三、民族传统体育的教学研究

在我国当前的有关民族传统体育教学的研究方面，对于民族传统体育教学理论和实践的相关研究是其中研究成果最多、最为活跃的分支。随着民族传统体育尤其是武术教学改革的不断深入，在教学实践中也不断产生出新体会、新经验、新教法，这对我国民族传统体育教育理论体系进行了进一步丰富和发展。

在我国当前民族传统体育教学方面，主要有以下几方面问题亟待研究。

（一）对民族传统体育教学的目的研究

这一方面主要包括学习民族传统体育的动机，根据什么来确定目的，目的包含哪些内容才算是科学的，根据国内历史中诸多大纲中的目的演变比较能够获得什么样的规律性启示，如何将目的的指导做义工充分发挥出来，目的中的技能、知识、态度、能力等诸多方面应划分成多少层次，对教学目的进行检查的方式和方法等。

（二）民族传统体育教学的组织形式与教学过程研究

这一方面主要包括什么是民族传统体育教学过程的实质，有哪些教学原则，如何将这些原则在具体教学过程中实施，与民族传统体育教学特点相符的教学组织形式有哪些。

（三）民族传统体育教学的方式方法研究

这一方面主要包括民族传统体育教学方法有哪些原则，国内外诸多体育教学模型的理论背景、教学思想、特征、应用性以及有利和不利因素是什么，对于民族传统体育的教学过程如何进行合理评价，对新的教学方法和教学模式的实验，对新的教学原则和教学原理的研究，对新的教学方法和手段的开发和应用等。

（四）民族传统体育教学的最优化研究

这一方面主要包括最优化是什么，怎么样才能达到最优化，对最优化如何进行评价，其中最为重要的是对面向全体学生因材施教的经验进行创造和总结，对提高农村和落后地区民族传统体育教学质量的经验进行创造和总结，对学生终身参与民族传统体育锻炼的习惯进行更好地培养。

当然，在民族传统体育的教学方面，不能只是局限在校园内，伴随着国家和社会越来越重视传统文化，人们在参与体育活动有着越来越强烈的热情，越来越多的人群开始采用本民族的体育活动来进行身体锻炼，民族传统体育教学也开始从校园逐步向着社会进行延伸。由此可见，在大众体育中民族传统体育教育问题势必会成为未来研究的重要热点之一。

四、民族传统体育的教师专业发展研究

教师的专业发展是指教师的专业不断成长，或者教师内在的专业结构在不断更新、演进和丰富的过程。长期以来，人们并不熟悉教师专业发展的问题，这一问题也只是在近些年来才被研究者逐渐重视起来。20 世纪 80 年代以来，在教育研究领域中，教师专业发展已经成为新的命题，国内外也逐渐将此作为研究的一个

热点。同时,民族传统体育教师的专业发展也随之成为一个新的研究领域。

就目前来说,对于教师专业发展方面的研究主要侧重于广义层面的教师专业发展策略及促进专业发展的途径等方面,体现了目前我国自上而下对教师专业发展的关注程度,同时也能够针对基础教育领域学科和教学主体的特点。对于教师的专业知识素养、教育理念素养和教育研究能力得以共同发展加以强调,这对于更好地促进民族传统体育专业教师的发挥发展有着非常重要的借鉴意义。

但在民族传统体育教师专业发展实践研究方面,将民族传统体育教师的能力水平、发展要求、培训制度等直接作为主要研究对象的研究少之又少,在研究基础方面,整体上是比较薄弱的,有着非常大的研究发展空间。例如,对于民族传统体育专业课教师的自我发展意识如何进行更好地提升,以帮助这些教师更好地进行角色定位;对于知识和机能训练加以更好的完善,以更好地顺应学校、社会和学生的实际发展需求;在改革民族传统体育的专业课程教学的过程中,对于教师的科学反思和积极研究的精神如何进行培养;对社会认定、教师培训等内外政策制度保障体系等如何进行构建,以上这些研究课题都具有非常高的研究价值。

五、民族传统体育教学评价研究

布卢姆的认知目标分类法是我国当前比较常用的评价方法,这种方法就是根据大纲的知识点,对双向细目表加以设计,通过采用标准化考试方法来更好地统计和分析学生的成绩。

这种评价方法有着非常广的使用范围,但它与民族传统体育教育的特点是不相符合的。目前,我国民族传统体育教育在评价方面尚处在一个比较低的理论水平,而且方法也不是很科学的阶段。在民族传统体育教育中,如果采用这种通用的评价方式,会侧重于对机能的传授加以强调,而对培养学生的能力有所忽略,导致进入到“教师赶进度、学生记不住”的歧途。

由此可见，民族传统体育教育评价也是目前亟待解决的研究问题和领域。对于民族传统体育教育评价的研究主要分为两个方面，一是理论研究，二是应用研究。

（一）理论方面的研究

这一方面的研究主要包括民族传统体育教育的评价手段、评价工具和评价标准，目标教学同诊断性评价、过程性评价和终结性评价的实施方法，大范围教学评价对教育制度、学生、教师和研究者的利弊分析等。

（二）应用方面的研究

这一方面的研究主要包括课程教材、课程体系、学业成绩、课堂教学的评价标准，面对新兴的教学改革实验、教学方式的评价方法等。此外，系统评价是一个非常值得进行研究的领域。

六、民族传统体育教育技术研究

现代教育与现代技术随着现代社会经济的快速发展，两者的结合也越来越密切，人们也越来越认可现代技术对教与学的效果的支持与提高。所以，现代教育技术也逐渐成为一个发展非常快速的新型学科领域，并开始向着其他学科领域进行渗透。民族传统体育教育的科学化和现代化离不开现代教育技术的支撑，在两者相互结合的过程中，也产生了很多亟需要解决的问题，这也为对民族传统体育教育技术的研究提供了一个非常广阔的研究领域。

例如，民族传统体育同现代教育技术两者之间所存在的互动关系有哪些；民族传统体育教学在现代教育技术环境下应采用哪些教学策略和教学模式；在对民族传统体育教学进行改善方面，现代教育技术哪些方面比较显著，有哪些有效应用的主要条件。

通过进行相关研究，能够更好地对合适的教育技术进行选择，从而更好地适应民族传统体育教育的发展，通过借助于现代技术来促使民族传统体育教学中的传统教育方法再绽放光彩。

七、民族传统体育的教育国际化研究

伴随着世界经济的不断快速发展，人们有了越来越强烈的对文化回归、对重建精神家园的需要，在世界经济一体化过程中，各国都清楚认识到民族传统体育文化在国际竞争中有着非常重要的影响力。基于此，各个国家都相继提出了振兴各类文化的政策。作为一个无断代传承文化的民族，中华民族将文化复兴作为世纪重任，并上升到了政府的高度。促进国家文化软实力提高的方法有很多种，在中华民族传统文化中，中华民族传统体育是非常重要的组成部分，凭借其自身所特有的肢体语言传达者中国古老的文化。“体育无国界”的意识，使其更容易为世界各地的人们所接受。

孔子学院作为中外合作建立的非营利性的教育机构在这一背景下诞生。它通过对中国传统文化优势加以充分利用，在世界各地来开展各种多彩丰富的文化和教学活动，从而成为世界各国人们来对中国加以了解和学习的重要窗口。现有的民族传统体育有着非常庞杂的体系，如何将其纳入到孔子学院的课堂，来满足相应的教学需要，还有很多研究工作以此为内容进行展开。

例如，根据孔子学院的特殊性以及学院的目的、层次和年龄特点来对与当地国情相符合的民族传统体育课程体系进行构建；对优秀的师资如何进行选拔和培养，促使他们能够更好地承担语言教学的任务，同时又能够对民族传统体育进行更好地推广和传播；对于民族传统体育中的专业词汇如何进行翻译，以使学院能够对其中所蕴含的文化内涵有一个更深层次的感悟，等等。以上这些都是我国民族传统体育国际化所面临的现实而又迫切的课题。

第三节　民族传统体育教育学的研究进展与方法

一、民族传统体育教育学的研究进展

(一)体育教育学的产生与发展

德国体育教育家奥玛·格鲁在20世纪70年代早期出版了《体育教学基础:体育中的身体、运动与经验》一书,他第一次提出了“体育教育学”的概念,这也是西方第一本有关“体育教育学”的著作。之所以过去的“体育理论”的表述由“体育教育学”一词所替代,这一替代对本学科的学术范围进行了准确描述,它不仅指学校体育教育,同时也包含涉及人体运动和体育的所有教育领域,这一新名词的产生还便于本学科与其他体育科学门类相区别,如社会体育学、体育心理学、生物力学和运动医学。

伴随着这一学科体系的快速发展,体育教育学的焦点也逐渐从儿童向着不同能力人群和所有年龄人群(残疾人到优秀运动员,学龄前儿童到老人)进行扩展,从学校环境也逐渐向着其他社会机构以及能够提供活动和运动的场所进行扩展。

1979年,熊斗寅先生所发表的《几个国家体育科研发展概况》一文是我国体育学术界第一次详细介绍“体育教育学”的文章。本文章对西德体育教育学的研究重点进行了详细介绍,西德体育教育学的研究重点主要放在对优秀运动员进行选材和培养、分析成绩因素、分析和发展教学模式、确定学习目标、更新相关的教学内容以及提高方法的检查和发展等。

随后,体育教育学在我国相关研究机构加以详细、积极介绍之后,我国体育学术界与相关部门对体育教育学的研究给予了高度关注。原国家教委在20世纪90年代初期将体育教育学作为

“限制性选修课”纳入体育教育专业教学计划，“体育教育学”等两门课程教材的编写也列入“八五”期间教材建设工作重点。中华人民共和国国家标准（GB/T13745－92）《学科分类与代码》在1992年将体育教育学正式列为体育科学下属的13个分支学科之一，这就使得体育教育学至此获得了正式的学科地位。

（二）我国体育教育学研究成果

自从我国对体育教育学的学科地位加以确立之后，我国学术界众多研究者也开始关注这一方面的研究，大量优秀的研究成果也在这一时期得以大量涌现出来，如《当代学科大全》（李修松主编）、《当代体育新学科》（罗加冰和周安平主编）、《体育知识小百科》（施季刚主编）、《现代交叉学科大辞典》（倪文杰等主编）等，以上这些都是其中的典型代表。我国体育教育学的教材也在这一时期得以同步建设。

由刘清黎主编的《体育教育学》于1994年正式出版了，这也是我国国内第一本体育教育学教材，刘绍曾、周登嵩在2004年出版了《新编体育教育学》教材，之后从2005年至今的10多年间，相继出版了由不同作者编著的《体育教育学》教材6部。

随着体育教育学学科的不断发展，针对民族传统体育以体育教育学为视角的研究越来越多，特别是武术教育成为教育界和体育界共同关注的焦点。很多研究者从武术教育的各个不同层面进行了相关研究，并获得非常不错的效果，这些主要体现在以下四个方面。

1.研究武术教育功能价值

这一方面的研究成果主要有《浅谈武术教学中的素质教育》（周之华，1999）、《弘扬民族精神中的武术教育》（邱丕相，2005）、《奥林匹克背景下的中国武术教育价值》（王岗，2008）、《“四个支柱”视角下武术当代发展的教育使命》（蔡仲林，2011）等。

2.研究武术教育现状与对策

这一方面的研究成果主要有《学校武术教学改革的指导思想——淡化套路、突出方法、强调应用》(蔡仲林,2007)、《当代武术教育的文化定位》(郭玉成,2008)、《学校武术的定位及其教育体系的构建》(杨建营,2008)、《我国中小学武术教育状况调查研究》(康戈武,2009)、《武术学科面临的内缘性障碍与发展途径》(陈青,2014)等。

3.研究武术发展历程

这一方面的研究成果主要有《西学东渐与中国近代武术教育》(林思桐,1992)、《宋朝理学教育思想对武术教育的影响》(李龙,2006)、《建国60年来学校武术教育发展的嬗变与走向研究》(汤立许,2010)等。

4.研究武术教育的区域

这一方面的研究成果主要有《上海市学校武术教育的现状调查与研究》(徐泽,2007)、《"文化强省"视域下的中原高校武术教育发展战略研究》(申国卿,2011)、《学校武术教育发展的关键在于体育师资质量——以辽宁省学校武术教育调查为例》(蔡宝忠,2014)等。

以上这些学术研究成果都对民族传统体育的研究领域进行了更好的拓展从而使得民族传统体育学和体育教育学的融合研究得以更加系统的发展。

二、民族传统体育教学的研究方法

(一)历史研究法

任何事物的发展都是作为一个过程来展开的,都有自身的历史，只有对历史加以深刻了解才能更好地认识现实，这也使得历史研究法成为人们进行科学认识的一种方法。

就民族传统体育来说，在其整个漫长的发展过程中有很多教育现象值得去进行研究，这就需要我们对历史研究法加以自觉运用，通过分析、破译和整理相关的民族传统体育教学历史资料从丰富的民族传统体育教育历史事实中寻找出相关规律，从而更好地了解过去，对现在进行研究，对未来加以更好的预测。

在对民族传统体育教育采用历史研究法进行研究时，从纵向和横向两方面分别进行历史研究和现实研究是非常有必要的，要从历史渊源、时代背景等方面得出更为真实、更为科学、更为深刻的结论。

首先，要遵循历史唯物主义的基本原则给予历史本来面目应有的尊重，在整个历史过程之中对特殊矛盾所经历的发生、发展过程加以正确的截取，并将其作为独立的研究对象，梳理清晰所要研究教育现象得以产生的理论基础和历史条件，在产生之后对当时和以后所产生的影响，以及经过了多少个怎样的发展阶段而得以不断的改造和完善。也正是通过考察纵向的历史发展过程，提供从过去到现在的发展轨迹，并体现从原因到结果的发展趋势。

其次，在开展纵向研究的同时，也要开展横向的现实研究，对当前时代的发展提出的新的要求有哪些进行分析，为了更好地应对新的挑战，这一教育问题呈现出了那些新的发展和性质特征。例如，我们要研究现代民族传统体育教育，一定要明确什么是现代民族传统体育教育，它是怎么产生的，它的基本特点是什么，现代民族传统体育教育与传统民族传统体育教育有什么异同等问题。在对这些问题进行回答时，既要对当前时代发展特点以及其对教育所提出的新要求进行研究，同时也要深入系统地研究民族传统体育教育发展的历程。

这主要归因于，现代民族传统体育教育的产生，一方面，作为一个历史发展过程，它对传统民族传统体育教育中的合理部分加以继承，经历了从传统教育思想的改造到形成现代教育体制理论的几个发展阶段，从而具备了现代民族传统体育的基本特征。另一方面，现代民族传统体育教育，作为现代民族传统体育教育，它必须要具备与传统民族传统体育教育相区别的新观点、新思想、新的哲学理论基础以及新的研究方法，要具备其之所以产生的现实性和必然性，而不只是简单地修改、补充和完善原有的教育理论体系，它的产生是对当代民族传统体育教育理论和实践所面临的时代挑战的回答。

对民族传统体育教育采用历史研究法进行研究时，过去发生的民族传统体育教育事件是其主要的研究对象，其研究目的是通过考察这些事件的历史发展实际过程及具体内容，来借此对民族传统体育教育发生、发展、演变的历史规律进行探求，同时也对民族传统体育教育未来发展的趋势进行科学预测。这就是人们常说的“有史可鉴”。

在具体的研究过程中，要根据民族传统体育教育自身发展历史的时间顺序以及其在不同历史发展阶段中的具体形态来进行描述，其中包括一些重要的偶然事件和曲折过程，甚至是历史上暂时的倒退都要予以如实地反映。从对低级形式的研究到对高级形式的研究，从对最简单关系的研究到对最复杂关系的研究，对有序原则加以遵循，从而对民族传统体育教育历史发展的全部过程进行如实地反映或再现。

在进行民族传统体育教育研究中，由于历史研究法本身的特点所决定，在具体应用时存在以下局限性。

首先，历史是一个错综复杂的发展过程，它经历了时间和空间，历史文献往往要比记载更为滞后，并且非常零散，在对这些史料进行搜集和考证时非常困难，对历史研究的可靠性容易产生影响。

其次，在理论内容方面，历史文献是经过“加工”，成为一个抽象形态，其保留了加工者们所具有的主观认识，而在历史研究过程中，在分析和取舍史料时，同样受到研究这能力、学识、价值观、方法论水平以及对史料掌握程度等因素的影响，很容易导致失误。

最后，历史研究的量化分析很难做到更加精确。

（二）调查研究法

作为一种描述研究，调查研究是通过观察原始材料，对研究对象的材料进行有目的、有计划的搜集，进而形成一种更加科学的认识的一种研究方法。作为一种经验性方法，调查研究是在对科学事实进行搜集，对经验材料进行获取的基础上所进行的研究。

第一，现实情况是其研究的侧重点，因而这与将过去发生的历史时间作为研究对象的历史研究法有着很大的不同。

第二，它是对自然状态下对实际情况进行反映的材料进行搜集，不会对研究对象施加任何干涉，这和实验研究法有着很大的不同。

调查研究的价值取决于问题的选择以及科学的方法和技术的应用，是社会科学研究中广泛应用的一种基本方法。

调查研究包含了两个过程，即调查和研究，这两个过程存在着有机联系。所谓调查就是对同研究对象相关的客观事实材料采用科学的方法和手段进行搜集；所谓研究就是整理所搜集的事实材料，并进行理论分析。由此可见，调查研究并不仅仅是通过进行单纯的观察来对相关事实进行记录，而是要对问卷、谈话、观察、查阅相关文献资料等手段和方法加以综合运用，以进一步促使认识从经验层次深入到理论层次，从而更好地对所研究的教育问题和现象的现状、发展特点和存在的问题加以把握。

民族传统体育教育的调查研究法是在教育理论指导下，通过运用观察、列表、问卷、访谈、个案研究以及测验等科学方式，对民族传统体育教育的现状做出科学的分析认识，并提出具体工作建议的一整套实践活动。[①] 其研究对象是当前民族传统体育教育中存在的问题，它是为了对某种现象、过程进行认识，或对某个实际问题进行解决所进行的有计划、有目的的实地考察活动。他具有一套研究方法和相应的工作程序，具有一套对资料进行搜集和处理的技术手段，并对研究成果以调查报告的形式加以体现。这些都与社会调查有着很大的不同。研究方法具体可以划分为四大类，具体如下。

一类是问卷法、调查法和访谈法，主要是通过被调查者自我报告的形式来对相关资料进行搜集。

第二类是观察法和个案研究法，主要是研究者根据自己的感官来对资料进行搜集。

第三类是调查的测验方法，主要是通过进行相应的试题测试来对资料进行搜集。

第四类是总结经验法。

我国目前的教育体制正处在一个不断变革的重要时期，为了更好地适应现代社会发展的需要，民族传统体育教育也应当进行相应的改造，从而产生新的矛盾和新的问题。只有通过调查研究摸清情况，才能更好地明确方向，以有效避免各个相关部门制定出错误的政策，或者在工作方面出现盲目性。

(三)比较研究法

比较一词的意思是把彼此有某些联系的事物根据一定的标准放在一起来进行观察，寻找出存在的相同点和不同点，从而对研究对象所特有的质的规定性加以更好把握的研究方法。在教育科学研究方法中，只有比较分析研究经验事实材料，然后在进行分析综合、归纳演绎，从而对教育的本质规律来进行揭示。对民族传统体育教育进行比较研究主要是比较分析民族传统体育的某种教育现象在不同时期、不同地点、不同情况下的所具有的

① 周之华.中华民族传统体育文化多维研究导论[M].北京：高等教育出版社，2016.

不同表现，以对其普遍规律和特殊表现加以揭示，从而得出符合客观实际的结论，它是民族传统体育教育研究中的一个重要方法。

在采用比较研究法来研究民族传统体育教育时，首先要确保研究对象要具有一定可比较性，要对所要研究的范围和研究内容进行限定；其次，所采用的比较研究方法主要有形式比较与内容比较、现象比较与本质比较、直接比较与间接比较、整体比较与部分比较、顺时顺事比较与逆时逆向比较、宏观比较与微观比较等。在比较分析中通过进行逻辑推理来得出相应的研究结论，并通过进行相应的实践来进行检验和修正。

科学研究的方法随着科学技术的不断发展进步而变得越来越多，针对民族传统体育教育采用比较研究法进行研究的过程中，要对过去将单一国家或个体作为唯一研究的框架进行改变，要对区域性大型研究进行强调，将群体、族群甚至民族为研究对象；要改变过去线性单向的输入或输出的二元比较研究格局和简单的归因分析，要侧重于强调在复杂的社会背景中进行跨文化、多层次、全方位的比较分析；要对过去盲目迷信量化方法的行为予以改变，要对实际的生动丰富的实践和过程的定性研究给予更多的关注，同时也要注意相应的定量分析。

（四）实验研究法

在教育研究中，实验方法是一个重要方法。为了实现民族传统体育教育理论的科学化，就必须对各种教学实验加以积极开展。通过开展相应的实验研究，来对民族传统体育教育过程中的各个规律加以探索，对基本原理和研究假设加以验证和检验。因此，作为从事民族传统体育教育的科学工作者，要对实验研究这一最为基本的研究方法加以学习和掌握。

民族传统体育教育实验研究方法是指根据研究的目的，研究者对一定的条件进行合理地控制或创设，对研究对象进行人为地变革，通过对假设进行验证来对民族传统体育教育现象的因果关系进行探讨的一种研究方法。

这种实验设计既可以是对某一个条件进行变化，并保持其他条件恒定，也可以是使多个条件同时发生变化，来对这些条件的影响以及相互之间存在的作用进行分析。但不管采用哪种形式的变化，都具有以下两个方面的特征。

首先，变量间的因果关系通过实验进行揭示。例如，在武术课堂教学中所采用的分组练习、情景教学、示范教学等教学方法与学生运动技能水平提高所存在的关系，参与各类比赛、课外自学自练、课堂常规教学等各种方式的特点和适用范围条件与对学生习武兴趣培养之间的关系等。

其次，实验研究必须对条件进行控制。通过对一些实际操作手段和多种方法的采用，来对某些条件进行人为的控制或创设，以此来更好地对实验结果的有效性进行证明。例如，将多媒体教学法与教师示范教学法的优劣比较作为目的，就可以将两者设为对照组，尽可能地使来两组在学生水平、上课时间、教学内容等其他条件方面保持均衡，获得相应的实验数据并进行相应的比较和分析，从而对这两种方法各自的教学规律和适用范围进行揭示，以更好地对民族传统体育教学的科学实施提供指导。当设立对照组有困难时，也可以采用整体参照的方法进行分析。

作为解决科学认识的重要手段，实验研究法并不是万能的，尤其是在解释民族传统体育极其复杂的教育现象和过程时，仍然存在一定的局限性。

首先，这种实验研究比较适应用在那些拥有较少数目的、能够进行分解的并进行操作的自变量的问题之中，如果面对的是拥有很多变量，并且相互关系又比较复杂时，如果只是通过实验来进行研究是很难得以解决的，这就需要结合调查或理论研究等方法，这样才能对其发展规律进行真正的揭示。

其次，在民族传统体育教育研究中，研究者和研究对象都是具有思想、有行动的人，除了研究者与被研究者相互之间比较容易产生交互影响之外，研究者本身所具有的态度、价值观、动机等都会对观察和资料的搜集方向自觉不自觉地产生影响,并对实验的客观性产生积极或消极的影响。

最后,在设计实验时,不能脱离现有分析手段所达到的水平,对于民族传统体育教育情境下的复杂行为能够采用现有的测量工具进行正确恰当的测量,会对实验结果的分析产生非常重要的影响。

(五)理论研究法

民族传统体育教育的理论研究,是在已有的客观现实材料及思想理论材料基础上,运用各种逻辑的和非逻辑方式进行加工整理,以理论思维水平的知识形式反映民族传统体育教育过程中的客观规律。[①] 理论研究同实验研究是两种不同类型的研究方式,上述所提到的观察、调查、测验、访谈、实验等都是属于实证研究,这些都是形成科学实施的方法,而理论研究在所涉及的研究方法和研究过程,以及研究结构表现形式和评价方面,都与实证研究存在着一定的联系,同时又有区别。民族传统体育教育的理论研究常与实证研究交织在一起,但它又有自己独特的表现形式。

民族传统体育有着相对比较薄弱的理论基础,同其他学科相比,民族传统体育教育方面的专门性理论研究发展比较缓慢。这就需要广大民族传统体育的研究者和教育者在民族传统体育研究的深入发展的过程中,要对现代科学发展的新方法和新成果加以广泛的吸收,对现代西方教育理论学派的合理思想进行借鉴,致力于对中国特色民族传统体育教育理论体系进行探索研究,从而促使我国民族传统体育教育研究的科学化水平得以切实提高。

---

① 周之华.中华民族传统体育文化多维研究导论[M].北京:高等教育出版社,2016.

第三章　高校民族传统体育教学理论与方法指导研究

民族传统体育是我国优秀的传统文化，在其教育传承过程中，将民族传统体育纳入高校体育教学是一个非常重要的突破。高校民族传统体育教学的开展是民族传统体育的现代化科学传承的重要和有效途径，这对于进一步推广民族传统体育在我国的影响、发现和培养优秀民族传统体育文化传承人具有重要的促进作用。当前，民族传统体育是我国高校的常设体育选修课程，本章主要对高校民族传统体育教学科学理论体系构建、课程设置、教学原则与方法、教学组织与实施等相关内容进行系统、全面地研究。

第一节　高校民族传统体育的学科理论体系的构建

一、高校民族传统体育的学科理论体系构成

体育学科是一门独立的学科，体育教学的开展需要其他相关学科理论的支持，民族传统体育作为体育的重要组成部分，其教学的开展同样离不开学科理论基础做教学指导，这些学科涉及多个方面，如生理学、心理学、教育学、运动学、运动医学、人类学、社会学等。这里重点对以下学科相关理论作详细阐述。

(一)生理学理论

生理学是体育教学的重要学科基础,在体育教学过程中对体育教学的科学开展具有重要的理论指导作用。民族传统体育教学是民族传统体育文化的传承,也是具体的民族传统体育项目技术技法的身体教授,因此,必然离不开身体练习,而生理学研究指出,作为一个生物体,人体参与运动具有重要的特点和规律,这是机体在运动中必须要遵守的,不能违背。

1.运动的生理本质

(1)运动负荷

机体运动过程中,需要不断承受负荷、运动的过程,就是承受负荷的过程。所谓运动负荷,具体是指个体练习的次数、时间、密度、强度等指标的总和。

(2)民族传统体育教学中的科学负荷安排指导

在民族传统体育各项目的技术动作练习过程中,学生通过一定次数、时间、强度的身体负荷练习,来使身心达到一个健康的状态与水平,并在这一承受负荷的过程中,掌握相应的民族传统体育动作技法。

民族传统体育学习初期,学生对于各运动项目技法动作的练习刺激反应,可表现出生理和心理两个方面的变化,单从生理方面来说,身体必须经历和承受负荷(不能超过机体承受范围),只有身体承担相应的负荷,才能够促进机体的健康。

在民族传统体育教学过程中,教师对学生运动负荷的安排直接影响到教学效果的好坏,一般来说,运动负荷越大,机体受到的刺激强度越大,机体反应越大,但是,运动负荷应在学生机体可承受的范围之内,否则就有可能诱发运动损伤。民族传统体育内容丰富、项目种类繁多,不同的民族传统体育项目学习,如民族传统体育搏击与养生导引术,二者的运动负荷安排应突出项目特点,有所区别。

2. 应激理论

(1)应激原理

应激是人体生理和心理的对外界刺激的一种综合反映。

生理学研究表明,人体应激的整个过程可以分为三个阶段,即警戒、抵抗和衰竭,在给予身体一定负荷的情况下,人体应激产生“自我保护反应”,实现对负荷的逐渐抵抗和适应,良好的应激状态的实现需要超量负荷,超量负荷状态下,机体对原有负荷的平衡和适应状态被打破,通过应激,人体达到新的负荷水平,进而实现人体生理机能水平的提高。

体育运动实践中,运动者运动能力的有序提高依赖于应激原理的科学应用。

(2)民族传统体育教学中的合理应激

在体育运动练习实践中,应激原理要求练习者在体育运动练习期间,应不断加大运动负荷,利用自身有机体的应激反应,逐渐形成新的平衡,提高运动能力。需要注意的是,体育运动负荷不能无限制地增大,要注意极限值,如果超出极限值,则会使运动产生疲劳,甚至导致身体机能出现衰竭现象,因此要重视处理体育运动练习的运动负荷量、负荷强度与练习者机体的应激程度三者之间的关系。此外,很好地利用机体的应激,可以防御机体衰竭发生,避免过度训练。

3. 机体适应理论

(1)机体适应过程

人体外界和体内的环境处于动态发展过程之中,不断发生变化,为了适应环境,人体活动也会发生一系列的适应性变化。

就体育运动过程来说,机体承受负荷,体外负荷环境发生变化,机体内部的血氧情况、激素分泌、新陈代谢等都会发生一系列的变化,运动过程中,运动负荷会对运动者的机体产生刺激,运动者的机体为了适应这种刺激会调节机体内环境,由不适应到逐渐适应。如果负荷刺激没有达到一定的程度，那么其所引起的机体不适应程度也会很小，最后产生的适应性变化也就非常有限，刺激得当，机体在适应刺激的过程中促进了身体机能的改变，表现为身体各方面身体素质获得发展。

机体的适应能力是一种生理本能，具体表现在，长期经常性地从事体育运动练习，为了适应活动需要，经常参加工作的肌肉体积会加大、力量增强，同时有机体还会产生心肌变厚、脉搏减少、肺活量增大、血压降低等生理现象。这些生理现象的产生和变化就是机体适应体育运动的表现。

（2）民族传统体育不同练习阶段的适应表现

①刺激阶段：机体运动水平较低，身体素质一般，面对各种民族传统体育动作和技法的练习，会表现出各种生理和心理上的不适应。为了促进学生尽快进入运动状态，可以从小负荷运动入手，逐渐有序提高负荷量与强度。

②应答反应阶段：经过一段时间的练习，学生可以承受当前运动负荷，机体进入适应状态，在相同运动负荷的刺激下，机体各器官和运动系统会在短时间内产生兴奋并进入到运动状态，学生的机体运动能力得到提高。

③暂时适应阶段：随着学习和训练的深入，学生的生理机能能越来越快地进入良好的工作状态，同时，运动学练过程中，身体各项生理指标表现出稳定的状态。

④长久适应阶段：学生的运动素质和技术水平不断提高，机体和各项生理器官已经适应了这一运动训练负荷强度、训练方式等，机体产生了适应性变化，运动器官和身体机能得以完善与协调。

整个民族传统体育的学练过程，就是学生不断重复进行的“刺激—反应—适应”的过程，在这一过程中，身体结构与机能不断破坏与重建，身体素质和民族传统体育技能逐渐得到提高。

4.新陈代谢理论

新陈代谢是生命运动的基础，新陈代谢包括物质代谢与能量代谢两个过程，机体的运动离不开机体的物质代谢与能量代谢活动，在体育运动中，人体的物质代谢与能量代谢活动变得比安静状态时更加积极，在民族传统体育学练实践中，机体良好的物质代谢与能量代谢能为学生提供良好的物质保障。

(1)物质代谢

人体有六大营养物质，即糖、脂肪、蛋白质、维生素、矿物质和水，这些物质的代谢能保持机体各项生命活动有足够的能量供应、保持机体内环境的相对平稳，保证机体始终能够正常运转。

在人体六大营养物质中，糖类是人体十分重要的供能物质，体育运动需要消耗能量，这些能量主要由糖提供；脂肪是人体能量的重要储存物质，在系统体育运动期间，脂肪分解代谢可为运动提供能量；和前两者相比，蛋白质参与机体运动供能的比例非常小，但是蛋白质作为生命物质的基础，机体的物质构成、物质活动均离不开蛋白质的参与；维生素在人体内不能合成，尽管人体对维生素的需求量非常小，但是，维生素也是必需营养，是需要通过食物供给的。维生素的重要生理功能在于它可参与机体代谢，缺乏维生素，体内物质无法正常代谢，能量无法正常供应，机体的运动能力会下降。但过多地摄入维生素，并不会提高运动者的运动能力；无机盐，也称矿物质，以多种形式存在，人体中的无机盐主要存在形式是磷酸盐。人体内电解质的情况对体内环境的调节具有重要的影响；水是生命之源，人体的各种生物化学变化都是在体内水环境中进行的。运动过程中，水分的流失主要是大量出汗导致的。运动者在参与体育运动以及比赛时，应重视机体水分供给变化情况，注意保持机体的水分平衡。

(2)能量代谢

能量代谢是机体新陈代谢的一个重要过程，主要用于机体活动所需能量供应分解能源物质，为机体活动提供必要的能量，机体能量的代谢与供应直接影响机体的机体水平和运动能力。

人体的能量代谢主要是通过磷酸原供能系统(ATP-CP 系统)、糖酵解供能系统、有氧氧化供能系统三大供能系统来实现的。

在人体三大供能系统中，ATP-CP 系统是人体运动供能最多、效率最高的供能系统，能迅速分解能量物质为机体的各项生理活动和体育运动供能（图 3-1）；糖酵解（Glycolysis）系统能为机体的长时间运动提供能量，此过程中伴有少量 ATP 的生成；有氧氧化系统供能的主要能源物质是糖、脂肪和蛋白质，运动中，糖、脂肪和蛋白质在有氧的条件下彻底氧化成水和 CO_2 的反应过程称为有氧氧化，也称有氧代谢。有氧氧化系统主要是由糖、脂肪和蛋白质三种能源物质的有氧氧化组成的（图 3-2）。

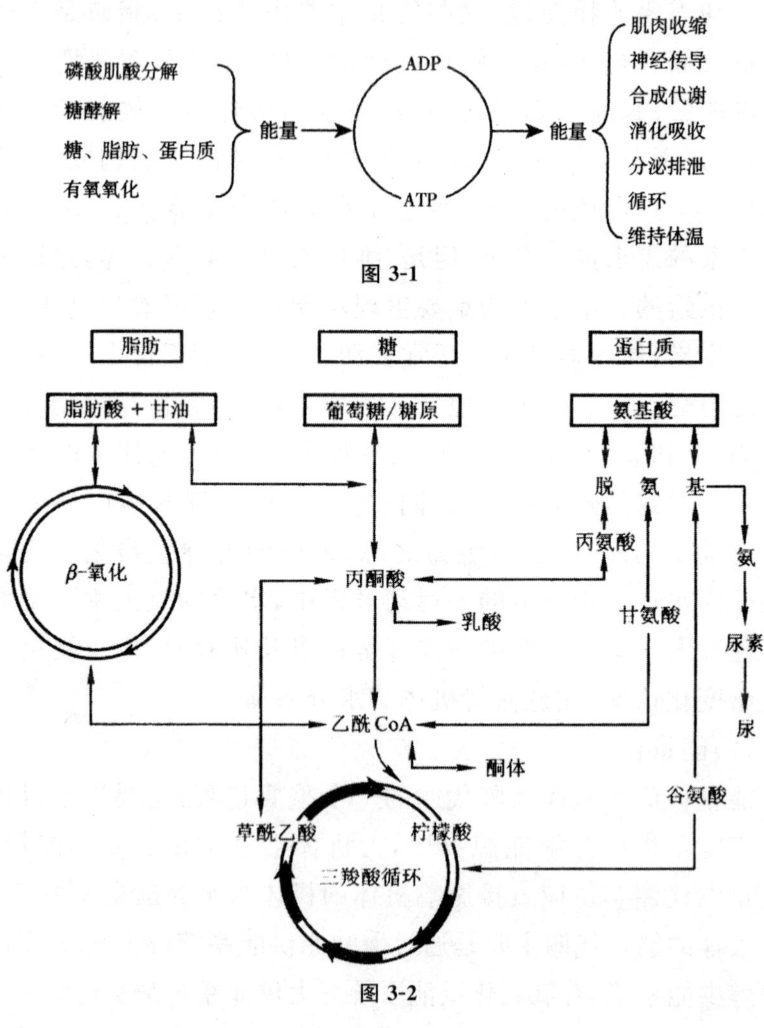

图 3-1

图 3-2

(二)心理学理论

1.认知理论

对事物的认知是人的一种本能,同时,人的认知能力受环境、年龄、心理等多种因素影响,体育运动可以对人的认知能力起到良好的促进作用。具体来说,在体育运动参与和学练过程中,运动可以改善学生的思维方式和方法,发展大脑神经系统、促进大脑血氧供应,为提高智力奠定良好的物质基础,进而提高学生的注意力、思维能力、记忆能力、反应能力等。此外,体育活动还有助于陶冶学生的情操,塑造学生的健康心理,并促进学生良好性格特征的形成。

民族传统体育教学过程中,各民族传统体育项目的学练不仅有助于通过改善学生机能素质水平为其认知能力的发展奠定良好的物质基础,还能通过民族传统体育特有的文化内涵和思想影响学生对事物的认知。

对于民族传统体育教学活动的开展,认知理论对教师施教的重要指导作用主要表现在,在民族传统体育教学实践中,学生对教学内容的感知、理解、体会、巩固、运用以及评价等认知活动有其固有的规律,教师的民族传统体育教学活动的开展必须遵循这些规律,使学生能在民族传统体育知识、文化、技能学练之间建立巩固的联系,并通过学习提高认知能力、深化思考,进一步完善学习效果。

2.学习心理过程

(1)感知过程

认识事物,首先是从感知事物开始的,感知是学习的第一步和第一个重要环节。

民族传统体育的学练,学生首先是通过各种感觉器官(视觉、听觉、触觉)去了解各民族传统体育项目的技术动作、动作的时空变化、功法效果等，然后再通过动觉（运动觉、本体感觉），对教师的各种示范动作进行模仿和学习，使机体对身体各部位的位置和运动有所知觉，并在大脑的支配下，完成各种技术动作。在民族传统体育教学实践中，学生对不同技术动作的学习和练习过程，这一过程需要运动者多个感觉器官的共同参与。

（2）记忆过程

记忆是学习的必要条件，如果人无法记忆，则无法完成学习。运动记忆是人的记忆的一种，它与人在日常生活中的每一个举动都密切有关，主要是对机体肌肉活动过程的记忆，它和形象记忆、情绪记忆等有明显的区别。大脑是一个十分复杂的生理器官，可以实现对个体所接受到的各类信息的加工和整理，在运动过程中，有机体对动作的记忆的过程并不是简单的动作表象在大脑中的复制，而是一个对动作表象进行信息加工并储存的过程。

民族传统体育动作、技法的学习需要不断重复，这是因为，对个体来讲，在短时间单纯依靠记忆是很难准确记住太多内容的，人对学习内容只是储入短时记忆，要想掌握技术动作就必须加深记忆，即多次重复学练。

（3）思维过程

思维是一种很复杂的头脑加工过程，是人通过事件的表象去看待事物本质的一个过程，具体表现为大脑对事物的本质属性和内部规律性的思考与认识。思维是抽象的，良好的思维可以使人能正确认识问题，面临问题能够作出迅速反应，并结合实际情况作出正确判断和处理。

就民族传统体育技法动作的模仿和熟练掌握来看，学生的操作思维能够有效反映肌肉动作和操作对象的相互关系，在动作完成过程中伴随着大脑的思维过程、思维的存在引导学生正确认识动作并准确完成各种复杂的技术动作。

（4）意志过程

良好的意志品质能够激励人们克服各种困难，完成各种实践活动的重要条件，参与体育运动是个体良好意志品质培养的一个重要过程，运动学练过程中，学生只有不怕困难和障碍，不顾任何挫折和失败，始终保持顽强的毅力才能坚持下去。民族传统体育任何一个项目的学练要想达到一定的效果，都必须长期坚持，否则，学到的只能是“花拳绣腿”的虚架子。

3. 动机理论

(1)动机的概念与作用

动机是个体的内在心理过程，它是推动个体展开行为的主要动力，动机对个体的重要影响在于它可以引起并维持个体的思维并将其指向一定的目标，满足个体的某种想法和愿望。个体动机实施的结果就是行动。

动机可引起和发动个体的活动，促使个体行动，可帮助个体参与或拒绝参与某一活动的积极性得到强化。此外，动机还可以引起和发动个体活动的具体方向。体育运动是一个长期的过程，在不同的运动训练阶段，需要不同的方式和方法来培养和强化运动者的运动训练动机，使其长期坚持下去。

(2)民族传统体育教学中学生学习动机的激发与诱导

民族传统体育的学习过程中，娱乐性和艰苦性兼而有之，如果整个教学过程非常枯燥，就会导致学生就失去学习乐趣，导致其民族传统体育学练的动机下降。

在民族传统体育教学实践中，针对不同学生的动机形成，教师应结合动机形成的具体条件，在充分了解学生的基础上，通过引导的方式，“对症下药”，使每一个学生都能在民族传统体育学练中找到运动的乐趣并坚持学练。

因此，在民族传统体育教学过程中，尤其是在民族传统体育教学初期，合理选择训练内容，科学安排训练时间和负荷，选择学生感兴趣的民族传统体育运动项目和内容，同时，重视积极创设动机条件产生的环境，使学生产生学习的兴趣，调动学生的学习主动性。当学生的形体变化和身体素质发展达到一个瓶颈时期之后，在学习动机有所减弱时，则应通过强化手段帮助学生树立良好的心态，重建学生的学习动机和学练热情。

（三）教育学理论

1. 现代教学论

教学理论是对教学实践的经验总结。它会根据社会发展和历史潮流的发展而不断发展和变化，当前，我国体育教学观以发展、开拓为主要特点，要求教师把知识的传授与学生的发展很好地结合起来；不仅要通过教学发展学生的智力，还要在教学过程中通过引导和参与丰富学生的情感、培养学生意志、完善学生个性。

现代化教学理论倡导素质教育，要求包括体育教学在内的一切教学活动的组织和实施过程中，都要做到以“学生为主体”，以“发展为中心”，避免死记硬背、呆板模仿、高分低能。

2. 多元智能教学理论

多元智能理论由美国心理学教授霍华德·加德纳（Howard Gardner）博士于 1983 年提出。[①] 加德纳认为，每个人都具有多元智能。学生之间的认知能力差异是客观存在的，不同学生的认知思维方法、方式不同，对事物的解释和看法等也不同。

多元智能理论要求教师对学生的能力进行评价时，应从多个方面进行，应是全面、多维地评价。多元化的教学是今后体育教学改革的一个重要方向，具体来说，就是通过在对学生智能进行开发时，要遵循个体差异性原则，做到因材施教。教学过程中，应加强对学生的生理、心理以及社会适应能力的发展，使学生参与教学过程、学习教材内容，强身健体、愉悦身心，具有健全的人格，实现身心全面发展。

---

① 尚宝增，杨琰，王建华．高校体育多元智能教学的实践与探索[J]．内蒙古体育科技，2013，26(3)．

(四)哲学理论

哲学是一门深奥的学科知识，是教育的一般理论。哲学与教学存在着内在过程的一致性，这种一致性自古有之，早在古代教育家的思想中就已经体现。哲学的本质在于对各种问题明确地表述培养正确的理智的习惯和道德的习惯的问题。

1.民族传统体育的东方传统哲学基础

我国民族传统体育是在我国传统文化中产生、演变和发展而来的，其与我国传统哲学之间具有非常密切的关系。我国传统哲学中的诸多哲学观点和思想，如“太极思想”“五行思想”“八卦学说”“天人合一”“形神统一”等，都对民族传统体育的发展及其文化内涵的丰富产生了十分重要的影响。

因此，在民族传统体育教学过程中，必须要从我国传统哲学思想出发，来探究民族传统体育中的丰富哲学文化内涵，只有让学生了解了这些文化内涵，才有助于学生更好地理解民族传统体育文化、更全面地进行民族传统体育的学习。

2.民族传统体育的“教”与“学”的哲学关系思考

哲学对于现代体育教学具有重要的指导意义，可以作为现代体育教学的理论依据，民族传统体育教学过程中，教师的教学思维和行为都受教师的教育哲学观念的影响和支配，具体表现如下。

(1)个体的认识是对固有观念的回忆(柏拉图)，在教学中善用提问法，以激发学生内心深处的潜在意识。

(2)个体对事物的认识来自其对事物的感觉，依赖于对这种感性事物的抽象化(亚里士多德)，在教学实践中，教师应重视、强调和遵守直观性原则，重视学生的感官刺激。

(3)通过教育，可以塑造受教育者的基本情感、思维和行为，教学应立足于现实实践(杜威)。在教学中教师应重视学生对教学活动的参与，重视良好教学环境的创设，重视学生社会适应性的培养。

教师在教学中，对民族传统体育教学，或者说对体育教学的哲学理论的认识，有助于提高教师的创新意识和创新思维，使教师从“教”和“学”两个方面完善教学过程，促进学生的全面发展。

二、高校民族传统体育的学科理论体系优化

（一）明确民族传统体育的学科本质

明确民族传统体育的学科本质，是民族传统体育发展成为一个独立的学科门类的重要基础。

从归属来看，民族传统体育术语“体育”学科，体育学科理论体系中的一切理论知识都可以作为民族传统体育学科教学的理论参考。民族传统体育是体育学二级学科，但是，也必须认识到，民族传统体育是一个交叉学科，其理论基础既包括社会科学，也包括自然科学。民族传统体育学科应体现出中国特色，同时注意本学科与相邻学科之间的交叉、渗透与融合。

首先，在社会科学方面，民族传统体育的学科研究与教学，必须将其放在特定的历史文化背景中去进行研究、了解和阐述，民族传统体育教学过程中，应充分贯彻与之相关的我国传统文化，如军事、宗教、民俗、文艺、美学等。[①] 因此，要建立完善的民族传统体育学科体系，就需要不同领域的学者进行合作研究，要求民族传统体育教学工作者坚持用严谨的科学态度和方法对民族传统体育进行甄别、选择和分析。

其次，在自然科学方面，民族传统体育的学科理论基础与现代自然学科，如运动学、运动医学、人体学等具有一定的关系，可以用这些学科内容来解释运动中的一些现象。用现代的理论对

---

① 叶伟，徐伟军.试论我国民族传统体育学科体系的建构[J].中国学校体育，2014，1(5).

民族传统体育中一些古老的命题进行阐释，重新认识民族传统体育的内容，能促进体现民族传统体育的民族性和世界性的融合。①民族传统体育教学对现代科学技术的引进和吸收能为当前逐步建立起一个完善的民族传统体育研究的学科体系，为民族传统体育在新时期的发展奠定坚实的理论基础。

（二）重视民族传统体育的文化传承

和其他体育学科不同，民族传统体育学科体系的建立，不仅仅是体育运动技术、技法、技理的系统研究与展现，还应对培育民族传统体育的丰富的文化底蕴进行系统的研究与完善。

在民族传统体育学科体系的建设过程中，重视民族传统体育文化的传承，不仅是完善民族传统体育学科理论基础的重要基础和前提，还是保证民族传统体育其原生态的文化属性的必然要求。如果没有民族传统体育文化内涵的支撑，民族传统体育就失去了其固有的特色，也就不能称之为民族传统体育了，民族传统体育学科体系的建立更加无从谈起。

第二节　高校民族传统体育课程设置

一、高校民族传统体育课程系统构成

（一）教师

教师在教学活动中处于主导性地位，是课程教学系统必不可少的一个要素。在民族传统体育课程教学系统中，如果离开“教

① 毛骥.全球化浪潮下民族传统体育的生存与发展之道[J].贵州民族学院学报(哲学社会科学版)，2003(4).

师”这个要素，则课程无法组织与实施。

就单次课的民族传统体育课程设置来说，教师在课程设置中扮演着非常重要的角色，课程设计、程序安排、课程内容与方法选择、课程评价等都需要教师一手策划。可以说，教师是每次具体的民族传统体育课程设置的领导者。

就整个学校乃至全国高校民族传统体育课程教学系统来讲，“教师”是作为一个集体所存在的，这些一线教师结合自己的教学研究和教学经验，制定出具有宏观指导意义的课程设置标准，各校的教师再结合自身的教学情况和本校民族传统体育教学情况进行具体的民族传统体育课程的设置。

（二）学生

学生是教学的对象，是课程教学系统的重要构成要素之一，如果没有学生要素，教学就会变成没有意义的活动。

在高校民族传统体育课程教学系统中，对学生的认识也应从两个方面进行。

就学生个体来看，在民族传统体育课程教学过程中，学生个体之间具有个体差异的存在，教师应了解学生，运用科学的教学方法调动每一个学生的积极性，通过学生主观方面的学习努力来促成民族传统体育课程教学目标的实现。

就学生整体而言，学生作为民族传统体育课程教学的对象，学生群体既是有普遍性的要素，又是有特殊性的要素。民族传统体育课程设置要充分考虑学生群体的体能结构、智力结构、民族传统体育知识和锻炼方法结构、运动技能结构等要素，有针对性地设置课程和安排课程内容。

综合来看，教师的课程设置应围绕学生展开，在课程目标的指导下既要照顾到所有学生的统一需求并促进全体学生完成学习任务，同时，又要充分考虑不同学生个体的学习需求，使每一个学生都能得到进步。

(三)教学内容

体育教学中，教学内容是一定体系内的体育与健康科学知识、体育锻炼方法和运动技能体系，主要表现为教材。

教学内容在民族传统体育课程教学体系中非常重要，对整个课程教学的开展产生着非常大的影响。民族传统体育教学内容同时还将教师与学生连在一起，促进学生和教师之间的信息交流。离开“教学内容”这个要素，教师不知教什么，学生不知学什么，就构不成民族传统体育教学活动。

就民族传统体育教材本身来说，它不仅包含教授民族传统体育与健康知识、技能的要素，而且包含发展学生智力，培养学生民族传统体育运动情感，提高学生社会适应能力的要素。就民族传统体育教学内容与学生的关系来说，既包含学生已获得的知识与技能，又包含学生有待发展的知识与技能。

鉴于民族传统体育教学内容对课程教学活动顺利开展、对学生发展的重要性，必须科学选择民族传统体育教学内容，内容应为实现课程教学目标服务、同时应满足学生学习需求，并适应当前社会的新发展需求。

(四)教学方法

教学方法是指为达到教学目的，教师和学生所采取的方法、途径、手段、程序的总和。

教学内容的传授效果与师生关系的和谐度成正比。教师要想形成良好的教学心理气氛，就需要不断改善教学集体的人际关系，而良好人际关系实际上是建立在平等互爱的基础之上的。良好的教学方法的选择与运用是在课程教学中建立和谐师生关系、创设良好课程教学情景的重要基础。

当前，高校民族传统体育课程教学体系中，许多用于一般体育教学的教学方法都可以被拿来使用，甚至还可以借鉴其他学科的一些教学方法。丰富的教学方法为民族传统体育课程的科学设置与顺利展开具有重要的促进作用。但是，对于课程设置的主体之一的教师来说，必须认识到，教学是以促进学习方式影响学习者的行为，因而教学方法必然要服务、指导学习方式。① 选择合适的教学方法对于课程目标的达成、良好课程效果的呈现具有重要的影响。

不同的教学方法具有不同的特点和适用环境，如以语言形式获得间接经验的语言教学方法；以直观形式获得直接经验的直观教学方法；以实际练习形式形成技能、技巧的动作分解与完整教学方法等，这些教学方法在不同的教学环境中、针对不同的学生会发挥不同的作用，教师应科学选择。同时，还必须认识到，在高校民族传统体育课程的教学方法中，任何一种教学方法都不是万能的，它需要教授者切实把握各种常用的民族体育教学方法的功能、特点、适用范围以及应注意的问题等，选出最佳教学方法或教学方法组合。

在民族传统体育课程教学系统中，教学内容与教学方法这两个要素之间具有非常密切的关系，一方面，教学内容对民族传统体育教学方法和教学手段通常起着制约的作用；另一方面，教学方法的科学选择对促进教学内容的全面传授与课程教学目标的达成具有重要的促进作用。

(五)教学媒体

教学媒体是教学活动的重要物质载体，在课程教学过程中，承载者师生交换信息时承载和传递信息的重要任务。离开了教学媒体，师生间信息交换就会中断，教学活动也就不会存在。

高校民族传统体育教学活动是师生间的一种互动，这种互动需要一定的教学物质条件的支持，教学媒体是教学物质条件中一个非常重要的要素，离开教学媒体，师生失去信息联系渠道，否则体育民族传统体育教学活动就无法正常开展。

---

① 丁丽萍.论民族传统体育专业课程设置的三维目标[J].搏击·武术科学，2010,7(7).

当前，高校民族传统体育教学中所涉及的教学媒体包括诸多要素，涉及与人体感官相关的各个方面，它不仅包含文字、语言、动作示范等视觉要素，还包括记录、储存、再现这些符号的实体要素，如图片、模型、录像、电影、三维模拟等。

在高校民族传统体育课程教学系统中，上述五个要素在课程教学目标支配下，有机组合在一起共同发挥作用，对于整个课程教学系统来说，各要素的不同组合会导致形成的整体功能有所差别，会产生不同的效果，这就需要教师在高校民族传统体育课程设置过程中，要统筹兼顾，实现各要素的优化配置。如此，才能促进高校民族传统体育课程良好教学的实现。

二、高校民族传统体育课程内容设置

（一）课程内容选择

1. 采纳上级课程文本建议

上级课程文本是国家教育行政部门规定的统一课程教学内容，它充分体现了国家意志，是国家教育部门在某一学科的整体教学目标的重要体现。

上级课程文本是国家对课程内容的一个总体性的方向指导，起到规范的作用，并没有作出较细的具体教学内容的设置，这是充分考虑到各个地方的实际教学情况的不同，给地方、学校教学部门、一线教师的课程内容选择留有充分的余地。地方、学校、一线教师在设置本地、本校、本年级的民族传统体育课程内容时，应综合考虑上级课程文本的建议，同时结合实际情况科学选择民族传统体育课程教学内容，突出地方、本校特色，切忌盲目照搬。

2. 修改上级课程文本的规定

正如前面所说，上级课程文本的制定是一种全国性的学科课程教育教学的整体规划，是政策性的指导，概括性很强，不可能对每个地区和学校的特殊情况都考虑到，因此，上级课程文本中一些内容可能与某些地方和学校的情况有所不符，对此，可以在领会上级课程文本精神的基础上，适当进行修改。

地方、学校在根据全国或全省的课程文本进行课程设置的过程中，需要对上级课程文本的一些纲领进行条文细化，在细化过程中结合本地、本校的实际情况进行必要的修改与补充，使课程设置能更加符合本地、本校实际。

需要特别指出的是，对上级课程文本相关内容的修改必须掌握在合理的范围之内，对于上级课程文本中一些重要的规定与要求不可违背，应充分领会到上级课程文本的精神内涵，在此基础上，只对不适应本地、本校的具体内容进行修改。

3.参考上级课程文本的建议

上级课程文本的指令性条文是统筹性的，充分考虑到了各地的不同情况，旨在给地方、学校、体育教师在课程教学内容选择中一些自由的空间、自由发挥的余地，因此，上级课程文本并没有限制得过死，同时，也给地方和学校提出了一些建设性的启发与建议。针对这些建议，各地方和学校可以进行充分参考。

(二)课程内容开发

民族传统体育课程内容资源开发的方法有很多，常用的主要有以下几种。

1.延续的基础上突出现代教学特点

民族传统体育教学内容在我国的学校体育课程中已经有了一定的课程教学经验，很多学校的相关课程设置配套的教学设施、师资等资源比较完善，因此，高校民族传统体育课程内容设置可以继续沿用以往的内容，在课程教学过程中，注重对课程内容教育性、科学性、文化性、社会性等的突出。

2.改造民族传统体育相关内容

改造具体是指根据民族传统体育课程具体实施的不同对象和条件等特点对原有民族传统体育课程内容资源的某个构成要素进行加工、变化、修改。

我国传统体育内容丰富、项目众多,在具体的课程教学过程中,有某些传统体育教学内容已不适合或者说在某些地方(如规则、技术难度)上不适合现代体育教学要求,针对这种情况,为了更好地发挥传统体育课程内容在现代体育教学大环境下的优势,更好地为现代体育教学服务,可以适当对其中不符的内容进行教学改造。

具体来说,对体育课程内容的改造,应从规则、技术难度、趣味性等方面入手。以简化规则、降低难度,使课程内容游戏化、生活化、实用化等。坚决不能改变传统民族体育课程内容的文化基础和本质属性。

3.拓展、引进新的民族传统体育内容

拓展、引进是指对原有的民族传统体育课程内容进行丰富、补充,使课程内容更加完善。

目前,我国学校民族传统体育教学主要是以选项课为主,形式较为单一。各地区学校应根据各自的实际情况,有针对性、目的性地拓展民族传统体育课程内容,实现课内、课外一体化,使民族传统体育课程结构更加完善。

在民族传统体育课程内容选择和设计方面,绝大多数学校都是以各民族传统体育项目的基本动作、基本套路为主要内容,但是,当前学生的民族传统体育学习兴趣不至于此,还要求更加深入地了解民族传统体育的其他相关内容。如在武术教学中,学生在学习固定套路动作的基础上,更希望学习武术的技击内容,很大一部分学生对武术搏击中的格斗、散打兴趣较高,这些项目充分体现了武术的技击本质属性,但是很多高校鉴于教学安全方面的考虑并不会设置。现阶段，为了满足学生的愿望，顺应民族传统体育课程教学的发展趋势，建议学校民族传统体育课程教学将格斗运动列入教学内容中。这不仅丰富了学校民族传统体育课程的内容，而且还能够提高学生对民族传统体育的兴趣和学习积极性。

新的民族传统体育运动项目进入高校体育课堂，必将给民族传统体育课堂教学注入新的活力。但正如前面所提到的，一些特殊民族传统体育课程进入高校需要特殊的运动设施或场地条件及安全保护，各高校应根据现有的场地器材条件、教学环境等有选择性地引入新课程内容。

三、高校民族传统体育课程设置评价

（一）课程设置评价方案制定

1. 收集评价内容资料

在民族传统体育课程设置评价方案初期，应先收集具体的评价内容和资料（表 3-1）。

表 3-1　两种反馈信息类型的具体情况

信息类型	主要目的	信息表达	数据来源	备注
学生的学习成就信息	了解学生达到课程教学目标的程度	数据	对学生的测试、操作、观察、作业等	至少采取两种途径收集信息，确保信息客观、真实、全面
课程教学过程信息	了解教师在试用课程教学设计方案中的问题	数据	对课程教学活动的观察和学生反馈	

2.制定评价标准

制定民族传统体育课程评价标准时，必须充分考虑到民族传统体育课程教学系统的各个要素，针对不同要素制定相应评价标准。

(1)课程目标评价标准：恰当、具体，符合《体育与健康课程标准》的要求，符合学生实际。

(2)课程内容评价标准：选择恰当，安排合理。

(3)课程方法评价标准：能充分调动学生民族传统体育课程学习的主动性和积极性。

(4)课程教学活动评价标准："以学生发展为本"。

(5)课程媒体评价标准：选择适当，使用有效。

3.选择评价方法

在民族传统体育课程教学设计方案的形成性评价中，常用的方法主要有以下三种。

测试：对学生学习后的成果进行测试，如认知情况、动作技能掌握情况等。

调查：通过问卷法或访谈法了解学生对教师民族传统体育课程设置情况、课程效果情况等。

观察：观察民族传统体育课程教学过程中的学生态度、教学效果、师生关系、教学情境创设等。

(二)课程设置评价总结

在民族传统体育课程教学实践中，只有在不断的分析、综合中不断对课程教学设计方案进行总结，才能促进民族传统体育课程设置评价的不断修正和完善，才能作出科学的课程评价。

四、高校民族传统体育课程设置优化

(一)加大国家政策支持力度

和其他体育课程相比，我国民族传统体育课程成立时间较短，民族传统体育课程设置理论研究及课程配套教学物质基础、师资等方面存在一定的不足。为了更好地促进这一新课程的开展，各级管理部门应该尽可能地在政策、科研、资金等方面给予支持，从而建立完善的高校民族传统体育课程理论体系、课程教学条件、专业教学师资。

(三)加强专业教材的建设

民族传统体育属于交叉类学科，民族传统体育教材不仅要涉及体育学，而且还要涉及与之相关的传统哲学、中医学、训练学、养生学、伦理学、美学、兵法学等。而当前，我国民族传统体育教材各地、各校不统一，在推进高校民族传统体育课程进一步发展方面存在不足，迫切需要编撰出版一套专业性较强的、内容丰富的、能满足各地各校教学需求的民族传统体育专业课教材。

(三)学科与术科均衡发展

新课程改革要求重视学生的全面发展，民族传统体育课程教学不应只集中于各项目动作、套路的教学，避免与体育学其他专业(如运动训练等)的课程相雷同，更应加大理论课教学。增加人文社会理论知识，突出专业特色，兼顾学科和术科的均衡发展。①

(四)增加选修课比例

民族传统体育专业课的课程设置应在必需基本课程以必修

---

① 王春粟.东北三省体育院校民族传统体育专业课程设置体系的研究[D].哈尔滨体育学院，2011.

课的形式开设外，增设选修和任选课程，以适应不同学生多元化的民族传统体育学习需求，为学生的自主学习提供便利，同时也有助于促进个性发展。①

第三节 高校民族传统体育教学的原则与方法

一、高校民族传统体育教学的原则

(一)兴趣主导

兴趣是最好的老师，是民族传统体育教学应遵循的首要原则。

在高校民族传统体育课程教学中，体育教师应最大限度地发挥学生参与民族传统体育运动的积极性，使学生更自觉地、主动地投入到民族传统体育学习之中，完成学习任务、达成学习目标。

首先，教师应广泛了解学生的民族传统体育兴趣，选择学生感兴趣的民族传统体育运动项目开展教学。

其次，教师应重视对学生开展民族传统体育目的性教育，使学生关注我国传统文化、重视民族文化传承。

最后，教师应精心设计课程教学，采取丰富多样的教学方法，激发学生的兴趣，并因势利导，对学生兴趣进行强化。

(二)突出主体

现代体育教学强调“以人为本”，民族传统体育教学过程中应重视学生的主体地位，民族传统体育科学教学活动应围绕学生展开。

① 陶萍.高师民族传统体育专业课课程设置的研究[D].东北师范大学，2006.

首先，教师应树立起在教学中尊重学生的意识，在高校民族传统体育课程教学实践中科学贯彻“以学生为主体”。

其次，教师应改变传统的教师的“教”与学生被动的“学”的教学理念。根据学生兴趣和需要设计、安排民族传统体育教学。

再次，充分发挥教师的主导作用，重视学生学习主动性与积极性的引导，促使学生少走弯路、提高学习效率。

最后，教师应尊重不同学生之间存在的客观差异，关心学生，重视学生个性的发展。

（三）有效互动

教学活动需要师生共同参与，科学的民族传统体育教学应将教师的“善教”与学生的“乐学”充分体现出来，实现师生、生生之间的良好有效互动，建立平等的师生关系，维持良好的民族传统体育学、训环境。

首先，教师在民族传统体育教学实践中应充分利用多种互动形式与方法。通过教师和学生、学生和学生的和谐对话交流、师生间的领带与跟随，建立良好的课堂教学氛围。

其次，教师应善于与学生的交流，同时要关注学生的反馈，双向交流都应得到重视，将“教”与“学”双方的积极性和能动性充分调动起来，避免学生被动、消极地学习。

（四）因材施教

“教育要面向全体学生”，高校民族传统体育课程教学中，教师“教”的对象是全体学生，学生的客观差异性要求教师应根据每一个学生的具体情况，实施各不相同的、有针对性的教育，促进每一个学生的发展。

首先，因材施教应建立在统一要求的基础之上，教师对全体学生提出统一的教学要求。这是实现民族传统体育课程教学目标的基本要求，学生的发展是在完成基本学习任务基础之上的发展。

其次，教师应了解学生。通过观察学生、与学生交流了解每一个学生的不同（如身体素质与个体差异），掌握不同学生的详细情况，区别对待。兼顾不同层次学生的学习需求，为基础好的学生创造更好的条件；帮助基础弱的学生完成学习任务。

最后，教师应合理设计教学程序和活动，在制定课程教学目标时，综合考虑教材、学生特点、组织教法以及客观教学条件，更有针对性地提高学生方面、课程教学方面的薄弱环节。

（五）全面发展

新时期素质教育强调"教育应实现学生的全面发展"，高校民族传统体育运动教学也不例外，应通过民族传统体育教学促进学生的身体、心理、社会适应能力等的多元发展。

首先，教师应综合贯彻民族传统体育课程教学目标和教学要求。对民族传统体育课程教学大纲所提出的各项要求与目标，要认真观察，并促进学生达成各项目标。

其次，教师应在民族传统体育教学中，重视学科与术科、理论与实践、不同项目内容教学等的均衡搭配，使学生全面掌握民族传统体育的知识、技能，使学生理解民族传统体育文化、领会民族传统体育精神，养成良好的身体、心理、精神品质和性格特征。

最后，民族传统体育教学考核应考虑学生各方面的综合发展情况，而不仅仅关注学生运动技能的掌握。

（六）终身体育

民族传统体育对学生的全面发展是有益的，是一项可以终身从事的体育，同时，终身体育也是当前我国高校体育教学改革的一个重要教育教学思想和教学改革方针，是高校民族传统体育教学应遵循的重要原则之一。

首先，在民族传统体育教学中，教师应重视学生终身从事民族传统体育的意识和习惯的培养，教师要善于发现学生的专项爱好与特长，并正确引导，培养学生从事该民族传统体育项目的兴趣并长期坚持。

其次，在民族传统体育教学中，体育教师不仅要重视民族传统体育运动教材或某项运动技能的教学成果，还要考虑民族传统体育运动教学长期效益（促进学生自我发展与社会发展需求的结合）的实现，为学生终身从事民族传统体育运动奠定知识、体能、心理、智能和技能基础。

二、高校民族传统体育教学的方法

高校民族传统体育教学方法众多，这里重点分析以下常用的几种教学方法。

（一）语言教学法

所谓语言法，具体是指教师在教学中通过借助于语言来开展教学活动的方法的总和，具体包括以下几种。

1. 讲解法

讲解法是教学活动中一种最常见的教学方法，主要表现为教师对具体的民族传统体育背景知识、动作要领、技能方法等的阐述和说明，以促进学生了解民族传统体育知识、技能。讲解过程中应注意以下几点。

（1）讲解明确，突出教学内容重点、难点、特点。

（2）讲解正确。注重讲解内容（历史文化、运动规律、动作术语、技能方法、项目特点等）的准确描述。

（3）讲解生动、简明、有重点。

（4）注重讲解的时机和效果，活跃课堂气氛、调动学生学习的积极性、使学生始终集中注意力听讲。

2. 口头评价法

口头评价主要用于对学生的课堂表现、学练效果等作出必要的点评，目的在于更好地促进学生的民族传统体育学习。口头评价可分为两种，即积极的评价与消极的评价，前者重在鼓励学生，后者是对学生进行鞭策。

3. 口令、指示法

在民族传统体育过程中，借助简短的字词给予学生必要的提示，如民族传统体育时间教学中的动作学练，教师根据学生的动作变化提示“沉肩”“右脚点地”“吸气”“屈膝”等。这些口令、指示简短有力，能够很好地指导学生学练。

(二)直观教学法

所谓直观法，具体是指通过相应的直观的方式作用于人体的感觉器官，引起相应的感知，从而实现教学目的的方法，它在民族传统体育教学中使用广泛。具体应用如下。

1. 动作示范

在民族传统体育教学中，教师通过对教学内容的动作示范，来使学生对所要学习的项目技术动作有一个生动形象的了解、熟悉动作结构和要领。

2. 直观教具与模型演示

采用图表、照片和模型等直观教具辅助教学，使学生更加易于理解相应的技术结构和动作形象。

3. 多媒体技术使用

多媒体技术主要包括电影、幻灯、录像等。采用重放、慢放、定格等操作方法，帮助学生了解民族传统体育项目发展、运动文化、技术动作构成等，注意播放内容要与教学目标相适应。

民族传统体育教学实践中，多媒体技术与讲解、示范通常是结合在一起使用的。

（三）完整教学法

所谓完整教学法，是指从动作开始到结束，完整地进行教学和练习的方法。多用于民族传统体育项目技术、技法教学。

完整法的优点在于能完整展示整个动作过程，使学生明确各个技术动作环节之间的关系、注重动作完成过程中突出动作的协调优美、方向路线变化。

一般来说，完整教学主要是针对技术动作的难度不高，或技术动作不可分解的民族传统体育项目技能实践教学。

（四）分解教学法

分解教学法是与完整教学法相对应的一种教学方法。同样用于民族传统体育项目技术、技法教学。分解教学法适用于复杂和高难民族传统体育项目的技术动作教学。

在民族传统体育教学实践中，对于分解教学法的合理运用，教师应特别注意以下两点。

(1)合理分解动作。按体育运动技术动作的时间顺序、空间部位进行合理分解，不能割裂技术环节之间的逻辑关系。

(2)分解应建立在学生完整理解技术动作概念、规律、特点的基础之上，以免影响学生对技术动作的整体把握。

（五）预防与纠错法

任何学科的学习过程中，学生都不可能做到一帆风顺，学习过程中难免会犯各种各样的错误，教师在教学中为了防止和纠正学生在练习过程中出现和可能出现的错误动作，可以采用预防与纠错法开展教学。

具体来说，在民族传统体育教学过程中，教师应正确对待学生由于对各种动作技术理解不清或对动作掌握不标准的错误，并注意进行有意识的引导和纠正。

预防和纠错是相互联系的。预防具有一定的超前性，要求对于可能的错误动作进行积极地引导，纠错的针对性更强，要求教师认真分析学生错误的原因，并有针对性地结合错误的源泉采取相应的纠正措施，并给出改正方向与方法。

（六）游戏教学法

所谓游戏教学法，具体是指教师组织学生通过做游戏的方式来完成相应的教学任务的方法。游戏教学法通常在民族传统体育教学的初期进行，有助于充分调动学生学习的积极性、使学生尽快进入民族传统体育的学习状态、创造轻松和谐的民族传统体育教学环境，在民族传统体育中应用较为广泛。

第四节　高校民族传统体育教学课的组织与实施

一、高校民族传统体育教学课的组织

针对学生的特点和特殊教学需要，高校民族传统体育教学的课堂组织形式主要有以下三种。

（一）个别教学

个别教学主要是指教师对一个或者几个学生进行单独辅导的教学组织形式。

在个别教学过程中，由于学生数量较少，教师可以对每一个学生都能进行深入、细致的教学指导，能最大限度地实现区别对待、因材施教，可以纠正学生的一些个性问题。此外，个别教学还有一个很大的特点和优势就是对于学生典型骨干的培养十分有利。

由于个别教学只针对单个或几个学生，不能对全体学生做出教学指导，具有一定的不足，教师在教学中应注意以下几点。

(1)教师必须安排好课堂的整体活动、形式和内容后,才能针对比较特殊的某个或几个学生进行个别辅导。

(2)教学的最终目的是促进全体学生发展,个别教学是正常教学的一种辅导教学组织形式,教师在进行个别教学时要认真辅导每个学生,同时兼顾全班的活动。

(3)对于个别辅导中的一些共性问题,教师要采取灵活的方法来及时提醒学生。要做到抓重点带一般。

(二)分组教学

分组教学,具体是指通过分析学生之间的相同点和不同点,对学生进行同质化的分组,将整个教学群体分解开来,以小组的形式开展教学。在高校民族传统体育教学过程中,分组教学是一种常见的教学组织形式,能有效地提高教学效率。

在民族传统体育教学实践中,分组教学的各小组人数应控制在 4～8 人,每个小组设小组长,负责组织本组成员学习、讨论、实践,这种教学组织形式能够将班级中的骨干作用有效发挥出来,激发学生民族传统体育学习的积极主动性,提高学生之间团结协作的能力,并有利于对学生的一些共性或个性问题的处理。

分组教学需要教师认真观察和对学生进行分类,需要教师投入较多的时间和精力,教学中应注意以下几点。

(1)注意分组人数的控制,一般在 4～8 人较为适宜。

(2)分组前,要详细、明确说明练习的地点、组织的形式和练习的方法,并且不要随意更变。

(3)分组时,要充分发挥班级骨干的带头作用,将他们分在各个小组中管理、指导、督促小组成员学习。

(4)分组后,要求明确各组需要完成的学习任务。

(5)体育教师要注意适时地对各小组进行个别的指导,并时时注意观察全班、提醒个别人或个别组,特别是较差的典型学生要时时关注。

(6)根据各小组的具体学习情况,可中间叫“停”,讲解共性技术问题，提出新的要求，或重新进行分组。

(三)集体教学

集体教学是针对全体学生开展教学的教学组织形式，也是当前体育教学中最普遍的一种教学组织形式。

在高校民族传统体育教学过程中，集体教学能更好地指挥学生的学习和管理课堂纪律，有利于贯彻和执行教育教学意图，但同时这种形式也存在着一定的不足，即不利于对个别学生进行区别对待的教学、较难体现学生的专项技术风格。教师在采用集体教学组织形式时应注意以下几点。

(1)集体教学应注意学生人数的控制，一般不超过60人。

(2)注意加强课堂教学纪律教育。

(3)讲解、示范、领作、指挥的位置要恰当。

(4)口令要适合，一般不作个别纠正。

(5)教授新内容时，不宜改变原练习队形的方向。

(6)集体教学应与分组教学、个别教学结合起来。

二、高校民族传统体育教学课的实施

从制定课堂教学目标到教学课的完成，高校民族传统体育课教学的实施过程具体如下。

(一)备课

备课是任何一名教师都必须进行的一项课堂教学工作，是学校教学中的一个基础环节。在高校民族传统体育教学中，做好备课工作是教师上好课的前提条件。

在民族传统体育教学实践中，备课的形式多种多样，如个人备课、集体备课、导师批改式备课等。教师备课过程中应考虑以下内容。

1.钻研大纲和教材

备课前,教师应仔细分析民族传统体育大纲和教材内容,这是教师进行学校教学工作的基本前提。

教学大纲对民族传统体育教学的开展具有统领性指导作用。具体来说,教师要认真学习、了解和掌握本学科在大纲中的总体内容和要求,否则,教师的备课会因缺少指导依据工作而显得很盲目。

2.准备场地、器材

场地、器材是完成教学的重要物质保证,是教师在备课工作中要着重注意的重要教学要素。

准备场地、器材先要对场地规格、布局、器材的种类、数量等方面进行了解。在此基础上,结合本次课的具体教学内容,申报场地、器材的使用,并在上课前将场地、器材准备好。

3.了解和分析学生

学生是学习的主体、是教学的对象,全面了解学生,有助于教师有效提高教学质量和改善教学效果。

教师了解学生,应具体了解本次课的班级及班级中学生的人数、姓名、男女比例、年龄层次、技术基础、文化基础、兴趣爱好、学习期望、组织纪律等。

教师分析学生,应结合所了解到的学生信息,分析教学活动应该如何设置更加符合学生特点,满足学生需求。

4.选择教学方法、设计教学程序、确定教学组织形式

选择教学方法时,将大纲、教材、对象、设施等与课堂教学紧密结合起来,选择最佳教学方法或组合。

设计教学程序时,要以教材内容、教学任务、项目特点、学生实际、场地器材现状等情况为依据,合理安排本次课的教材先后

顺序、时间分配、练习步骤等。

确定教学组织形式，应结合学生特点、教学内容、课时情况等进行综合确定。

(二)撰写教案

教案，又称课时计划，是教学活动的规范性文字材料。在民族传统体育教学实践中，教案是教师开展课堂教学活动的直接参考资料，是教师上好课的重要依据。

教师的教案能有效反映其基本的教学态度和业务素质。为了民族传统体育教学课的顺利开展，教师在编写教案时应注意以下几点。

(1)课堂教学任务要具体、全面，与教材内容相符且适宜，要求学生通过一定的努力能够完成。

(2)教案内容应全面(图 3-3)，安排要科学，重点突出，主次分明；练习时间、数量、负荷要符合学生实际；前后内容要有内在的关联性。

(3)教案文字的使用应突出言简意明，措辞妥当的特点。技术动作要领描述要准确。

(4)教案的版面布局要合理，条理要清楚。

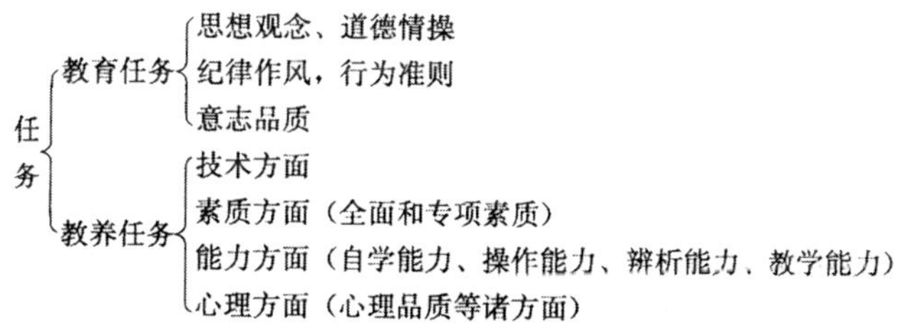

图 3-3

(三)试教

试教有助于教师熟悉教案内容，加深理性认识，纠正不切实际之处。试教主要有以下三种形式。

(1)模拟式试教：教师本人走过场，或者正式操作一遍。

(2)自由选择式试教:突出重点进行试教。

(3)说课:用语言简要表述教学实施过程、教学组织形式、教法、要求等。

在民族传统体育教学实践中,由于时间关系(时间不足),或者教师经验丰富,一般来说也可不试教,而直接进行正式的课堂教学。

(四)上课

上课是教师进行教学工作的主体活动,民族传统体育课程教学过程过程中应注意以下几点。

(1)做好准备:报考心理、业务、物质的准备。教案随堂自带,以备查看;提前到场,着装整洁;神态谦和,精神饱满;关心学生,诚信仁爱。

(2)认真执行教案,并在民族传统体育教学过程中,针对实现预料或者预料不到的各种突发问题进行妥善处理,使课堂教学始终保持在可控的计划范围内展开。

(3)充分发挥教师的主导作用,将学生学习的自觉性和积极性有效调动起来。

(4)讲解清楚,示范准确到位,语言生动形象。

(5)仪表端庄,态度热情,耐心细致,师生感情融洽。

(6)重视教学安全。

(五)评价反思

教学评价反思,具体是指教师根据教学情况和教学效果,判断教学目标的达成情况,需要改进或补救的地方等,目的是优化教学过程、提高教学效果和质量。在高校民族传统体育课程教学中,教学评价反思是一个相对独立的教学环节,同时,它又贯穿于民族传统体育课程的整个教学过程中(图 3-4)。

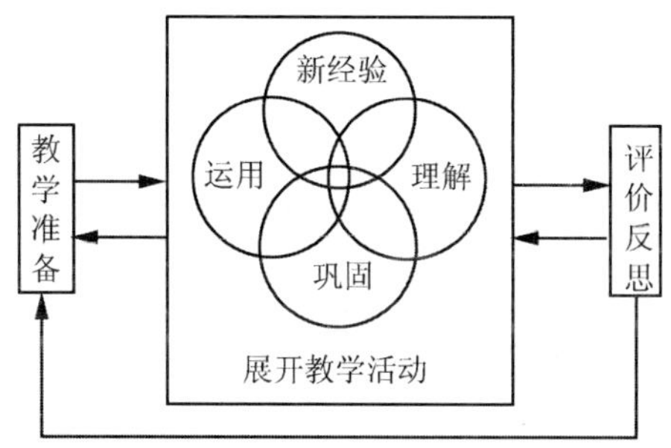

图 3-4

在民族传统体育课程教学实践中，教师和学生都需要对教学活动进行反思，检查自己在教学过程中的操作、表现及产生的效果，认真总结经验和教训，分析有没有更好的方法或策略。

第四章　基于文化软实力视角下的高校民族传统体育发展研究

高校民族传统体育在现今基本已经成为我国高校体育教学的主要内容之一，该课程的开展有利于培养学生的爱国主义精神和民族主义意识，也是我国悠久文化的重要传播途径。目前我国正致力于提升文化软实力，而在这一背景下对高校民族传统体育的发展进行研究就可以发现其富有的更多意义与内涵。

第一节　高校民族传统体育的开展现状及原因分析

一、高校民族传统体育的开展现状

(一)民族传统体育课程设置的不平衡

新中国成立后，我国相关部门组织协调了大量人力、物力前往全国各地，特别是少数民族地区收集与调查各类民族传统体育运动，最终汇编成册并以此为基础进行了进一步分类和研究。据相关文献统计，目前在我国统计之内的民族传统体育项目共计977项，其中汉族传统体育项目301项，少数民族传统体育项目676项。不过这个数字并非最终的数字，随着研究的深入和新项目的发现，该数字还会有所变化。当前，已有很多种民族传统体育项目在各民族中得到了广泛的开展，如武术、舞龙、舞狮、划龙舟、射箭、摔跤、石锁、骑马、放风筝、扯旗、秋千、跳绳、毽子、拔河、扯铃等等。但是，据相关调查资料显示，我国普通高校中民族传统体育课程内容的设置很不平衡，并且内容也缺乏多样性。

为此，我国学者林建华专门对民族传统体育项目在高校中的开展进行了统计。在选定的几十所高校中，约有90%的高校开设了民族传统体育课程，但这些课程的课程设置稍显羸弱，不论是课程占比还是课时时间都在较低水平。再看开设的课程内容，大多数高校开设的内容主要为武术类运动，其中最为常见的武术是太极拳、长拳和养生气功，少数高校开设了散打和一些简单的器械武术套路课程。另外，还有个别学校因地制宜地开设了符合自身的特色项目，如跳竹竿、毽子、射箭、秋千等项目。

尽管民族传统体育项目出现在高校体育课程中，但总体而言与其他种类的体育教学内容相比仍然处于开展得较为弱势的地位，课程设置显现出明显的不平衡性。

（二）教材内容缺乏新意且理论知识模糊

通过阅读了我国高校常用的民族传统体育相关教材后发现，教材中的内容普遍缺乏新意，涉及的民族传统体育项目主要为以太极拳、长拳、南拳为主的传统武术和一些养生保健气功等，少部分教材中包含有武术基本功和散打等内容，极少数教材会根据本地区的具体情况编入特色传统体育项目。郭琼珠等在《普通高校体育课程中民族传统体育内容改革的现状调查研究》一文中统计："武术项目内容设置的学校多于民间民俗项目内容的学校数量达85.71%，民间民俗类达8.04%，养生类达6.25%"。由此可见，武术是民族传统体育项目教学的重点内容，在教材中占很大的比重。此外，一些以初级武术套路为主的民族传统体育教学太过偏重武术，忽视了其他形式的民族传统体育内容，这就给学生造成了民族传统体育等同于传统武术的错觉，由此使得高校民族传统体育的教材显得更加单一和片面，这样就极大地束缚了传统体育项目在高校中的普及和发展。

我国民族传统体育的产生环境是悠久灿烂的东方文化,因此武术中的各个元素都包含东方文化的特点,并且与我国传统古典哲学、政治、军事、中医、宗教以及各地的民俗、习惯等有着千丝万缕的联系,这是环境所塑造的,是武术文化和内容之所以丰富的原因。这些都有待于我们体育工作者在理论层面上对其进行进一步研究和探索。只有这样,我们才能将传统体育项目的民族特色优势充分发挥出来。

(三)高校中民族传统体育项目匮乏

对于高校民族传统体育项目的匮乏问题,特总结出了表4-1。我国民族传统体育项目近千种,但真正被高校编入教学课程的项目却寥寥无几。当然这里面确实有一些普适性和可操作性的原因,但不能掩盖我国高校民族传统体育课程不足的问题。因此,面对这个问题,就需要在课程设置上进行积极地调整和完善。另外造成这种情况发生的原因还有学生选择运动项目的主观意愿,即学生更多地会选择竞技性和时尚性更强的运动项目,而对包括民族传统体育项目在内的诸多冷门项目兴趣不大,无人选择自然也就成为学校不愿开设相关课程的原因之一。

表4-1　高校开展民族体育传统项目情况

内容	民族武术	踢毽子	踩高跷	打陀螺	赛龙舟	舞龙狮	风筝	摔跤	射箭
开设项目的学校/所	50	18	23	12	2	16	13	27	14
从事教学的专业教师人数	165	9	16	6	2	5	10	20	8
具备的场地器材数	43	18	23	12	2	16	13	23	14

(四)大学生对高校民族传统体育的态度

对大学生看待民族传统体育的态度问题的研究总结出了表4-2和表4-3。从表中不难看出,学生对开展的民族传统体育课程认可度较低。更多的是学生对课程内容兴趣感偏低,不仅是内容，教师的教学方法和手段也让学生感觉到有些枯燥和单一。不过在学校强制规定下，学生也不得不学习，这显然会对学生主动学习的精神有所打压。在这种情况下，出现一些诸如学生参与度小、评价不高的问题也就不难理解了。学生不能直接地认识和了解民族传统体育的意义与价值，从而使得其无法形成健康积极的体育价值观，这些都给民族传统体育的传承带来了负面影响。

表 4-2　学生对教学过程评价

内容	非常有新意	有新意	有点新意	不太有新意	没有新意
人数	8	10	12	5	82
比例，%	4.9	6.1	7.3	31.7	50

表 4-3　学生对课程内容的调查

内容	非常感兴趣	感兴趣	比较感兴趣	不太感兴趣	不感兴趣
人数	12	18	24	52	58
比例，%	7.3	11	14.6	31.7	35.4

(五)高校民族传统体育发展的速度慢、地域性强

目前我国高校中开设的民族传统体育课程项目的速度普遍偏慢，一些南方地区或边疆省份的民族传统体育课程带有较强的地域性特征，每个学校基本都有自己学校的特色项目。而这些项目在地域上往往都具有一定的局限性，即项目只能在该地区内的学校中开展，在其他地区的认同度就相对降低。在通常情况下，高校会选择适合本地区人文和地理环境的民族传统项目因地制宜地发展高校民族传统体育。在这种地域性过强的传承方式下，高校民族传统体育的发展范围比较狭小，并且各类项目之间并没有一些必然的联系，从而使得民族传统体育在高校的发展缓慢等一系列问题。

(六)民族传统体育在高校体育中没有得到应有的重视

目前我国的主流项目为以西方竞技体育项目为主的内容,包括人们最为熟悉的足球、篮球、排球、乒乓球、羽毛球、网球、田径、游泳和体操等。尽管这些项目传入我国的时间较晚,但其拥有的竞技性和国际“通用性”使得这些运动项目后来居上,牢牢占据高校体育教学内容的主要地位。相较于西方体育项目在高校的蓬勃发展形式,我国民族传统体育项目在高校的发展则要冷淡得多。虽然在改革开放之后,国家对民族传统体育的发展有了进一步的重视,但实际效果依旧不佳,表现出高校和学生都对民族传统体育不“感冒”。长此以往,我国高校所独有的体育文化特点和深厚的历史优势也就无法体现出来。

(七)民族传统体育的教学模式较为单一

在高校民族传统体育的教学实践中发现,教师使用的教学方法较为单一,更不要提针对不同学习水平和个性特征的学生采用其他类型的教学方法了。从现代教学的学生观角度来看,这显然没有从学生的个体差异性考虑,因此不利于学生体育兴趣和特长的发展。在这种情况下,高校体育课开展民族传统体育教学内容时,学生参与的积极性已经不强,运动积极性也下降了,由此也使得对民族传统体育的传播与弘扬更无法提及。

目前,高校中开设的民族传统体育教学的项目种类不多,主要集中在传统武术方面,再加上教学模式的单一化,使得该教学内容对学生没有产生足够的吸引力。实际当中,大多数高校开展的民族传统体育教学更多地采用“教师教,学生学”的传统教学形式,在教学方法上比较单一,缺乏运用现代体育教学手段与优秀的传统教法相结合的模式来激发学生学习的兴趣并扩大其知识面。因此,在具体的教学过程中,可利用民族传统体育的功能和特点来引导和鼓励学生,在教学中充分发挥教师的主导作用和学生的主体作用,一改过去民族传统体育教学过分注重知识和技能的传授做法，转变为引导学生的学习兴趣和方向，让他们自觉探索民族传统体育的魅力，进而促进高校民族传统体育的发展。

(八)民族传统体育师资力量不足

师资力量是任何学科教学的基本保障。民族传统体育与足球、篮球等项目相比其本身专业教师数量就稀少。而随着高校不断扩招，学生增多，于是就带来了能够从事民族传统体育教学工作的教师就相比更少，教学显得捉襟见肘。另一方面，民族传统体育教师的自身综合教学水平的提升也遇到了一些瓶颈，如体育师范院校所培养出来的民族传统体育专科教师往往更注重他们的实践能力培养，对理论知识的培养少之又少，如此就会导致民族传统体育的教学任务过分局限于所谓的增强学生体质，而对体育的教育功能和文化传承功能则有所忽视，致使我国的体育课堂，成为西方体育思想和体育文化廉价传播的载体①，这些都限制了民族传统体育在高校的开展。

二、形成高校民族传统体育开展现状的原因

(一)民族传统体育无法摆脱原生形态

鉴于现代体育的发展实情，使得民族传统体育在高校中的发展速度依旧缓慢。高校将其作为选修课，则学生选择这门课程的兴趣不大，而将其作为必修课程，勉强参与教学的学生也不会在学习过程中付出过多。这些实际情况使得民族传统体育在高校中的发展依然处于“原生态”的样式，多年来创新不多，对现代学生来说基本没有吸引力可言。为此，学生自然就更加倾向于选择更加时尚、激烈、观赏性强的运动项目作为健身和娱乐的方法。

民族传统体育无法或者很难摆脱原生形态的原因还在于其

① 倪依克.论中华民族传统体育[M].北京:北京体育大学出版社，2005.

本身的发展历程中所处的环境基本都是天然经济时代或自然经济时代，这种背景就决定了民族传统体育无论是在内涵上还是外在表现形态上都与城市和经济发达地区有所差距。因此，从严格意义上来说，这些民族传统体育项目仍然处于准体育时代。另外，由于世界现代体育的冲击，使得我国很多高校将发展竞技体育作为提升自身品牌的手段，进而使得民族传统体育项目的发展和开展更为不平衡。

（二）民族传统体育教学改革目标不明确

我国近年来一直在致力于对体育教学进行改革的工作，民族传统体育教学也是改革的目标之一。从效果来看，其中还是出现了一些有益的尝试，这使得传统体育教学出现了新内容和新方法等。虽然我国高校体育教学改革已经从以运动技术为中心的旧格局转变为以增强学生体质和健康第一，并将其作为教学的指导思想，但从现实的状况来看，高校体育教育的培养目标、课程设置、管理模式等多个方面，仍很大程度的体现着计划经济的特点和传统思想的烙印。在高校体育教学改革中，民族传统体育仍然无法进入现代体育教学的课堂，当学生毕业时往往会感到学到的没有用处，而所需要的又没有学，产生了所学非所用的严重脱节，而这种现象与时代的需求是格格不入的。由此可见，要想通过体育教学改革使民族传统体育在高校体育教学中获得全方位的地位转变显然不是短时间能够实现的。

（三）民族传统体育的体育资源较为匮乏

我国是一个体育资源相对匮乏的国家。相对其他级别的学校来说，高校在教育系统中就算是能够获得较多体育资源的单位了，这是实现教育兴邦、体育育人的基本保障。为了解决高校体育资源的问题，特别是民族传统体育相关体育资源的问题，国家有关部门也给予了高度重视，为此特别出台了多项关于民族传统体育在高校发展的政策。然而在实际的教学当中，这些政策并没有获得完全的执行，特别是在对民族传统体育的宣传力度不够以及没有具体的实施时间表的情况下，使得民族传统体育教学资源匮乏，对民族传统体育的研究更是无从谈起。

通过分析当前我国高校民族传统体育开展的现状，对于缓解体育资源不足的问题首先可以从教学材料的获得方面入手进行解决。对于民族传统体育的教材编写要认真细致，使教材不但能将民族传统体育的民族性和实用性凸显出来，而且还富有趣味性和科学性。另外，为了保证教材更加富有科学性和严谨性，有条件的高校可以派出教师到周边少数民族聚居地实地调查，此举有益于开发新的民族传统体育资源，以便创新课程内容和提高教学质量，满足教学的需要。

(四)民族传统体育受到西方文化的冲击

现代世界的主流体育运动几乎都是以希望竞技体育运动项目为主。再加上奥运会中的项目也是以这些运动为主体，由此使得此类项目风靡世界。这在很大程度上对我国的民族传统体育的复兴带来了极大的外部冲击，这种冲击也蔓延到了高校体育教学内容的设置。体育事业的绝大部分被西方体育所占据，此外，体育统一标准的西化也在一定程度上驱使我们用西方体育的眼光去看待我们的民族传统体育。在体育课程的学习中，学生们把大部分的精力放在了球类运动、游泳运动以及田径运动之上，对民族传统体育几乎是一种完全忽视的状态。这一方面是学生的主观选择意愿的问题，另一方面也是由于民族传统体育始终缺少一种无形的推动力吸引学生长期参与到这项运动中来。多方面原因最终导致了民族传统体育在高校中的推广举步维艰。

(五)传统体育教育模式对普通高校体育教育的影响

目前，从总体上来看，我国高校体育教育的发展速度比较快，发展面也比较广，但是仍然有很多高校以“竞技运动”的教学模式为重点，不重视民族传统体育。在这种情况下，学生很难树立民族传统体育意识,认为学习民族传统体育与现实生活的发展没多大关系,基本上没什么用处。正是由于学生和老师都把心思都放在了旧的以技术为核心的课程体系上,使得民族传统体育与体育教学产生了脱节现象,由此就产生了学校体育被西方体育占据阵地、民族传统体育项目少、教学实施力度不到位、学生不配合等问题。

(六)学生对民族传统体育项目的选择性不强

一般情况下,高校选择民族传统体育教学项目的依据往往是其所拥有的教师专业能力。这种选择依据显然不是以学生为主的,违背了教学改革的初衷。然而,这种情况之所以存在,主要还是受到可操作性的限制。基于此,能在高校中开展的民族传统体育运动项目的数量就少之又少,受到的限制太大,从而也就导致学生的可选择空间较小,自主性和随意性不强。进而很难营造一种轻松愉快、生动有趣的学习氛围,在这种学习氛围下,学生在学习民族传统体育时就缺乏主动性,必然会给民族传统体育在高校的发展带来困难。

第二节 文化软实力与高校民族传统体育的关系

随着时代的发展,社会的变迁也是日新月异。社会变化的大方向是正确的,社会中包含的文化、政治、经济之间相互交融,这种交融的程度也在不断深化。为此,文化软实力概念就被提了出来。

一、文化定型的打破奠定了高校民族传统体育的发展方向

(一)文化软实力背景将转变民族传统体育落后论

当人们接触到一种文化的时候，首先接触的一定是文化的硬实力，即文化的物质层面，这是文化形态出现和发展的基础。早在1943年美国心理学家马斯洛就在其论文《人类激励理论》中提到，“人的需求是建立在前一需求得到满足的基础之上。”后经过其论著《动机和人格》(1954)等，进一步确定了其需求层次理论，亦称“基本需求层次理论”。需要层次理论说明了当低一级的需求得到满足后，需求才会向着高一级发展，而这进而也说明了如果没有物质的需求，那么意识也是不复存在的。这也好比是经济基础决定上层建筑一样，失去物质基础，政策也将是虚无缥缈的。然而，在历经西方文化的数次洗礼之后，我国很多人对于本民族的传统体育，从物质层面已经产生了“嫌弃”的观念。20世纪初轰轰烈烈的“土洋之争”便可见端倪，当时有的人认为“现在火器证明，哪怕你练成铜筋铁骨飞天本领，有了小小手枪，即可致你死命”；还有人认为“国术在我国，已成了江湖卖技者流，为高尚人所不齿”等等没有从全面角度审视民族传统体育的论断至今都在影响着部分国人，以至于使现代很多人在心底里就觉得民族传统体育是陈旧的、过时的运动，反而他们对外来的运动更加青睐。这种思维认识上的观念是会对整个社会单位构成影响的，学校也不可避免地受到此类思想的影响，在课程设置方面，基本上很少考虑民族传统体育的存在，学校运动会上更是鲜见民族传统体育项目。究其原因，很多都是因为在意识上的“崇洋媚外”，认为西方体育项目绅士高雅，而民族传统体育封建落后。

文化软实力概念的出现重新给予了人们审视一切文化现象的契机，它更加强调文化的民族性，这就为民族文化带来了不可或缺的创造力和新视野。体育就是体育，西方体育和我国传统体

育是同等重要的，物质基础也是立足于不同的文化软实力，不存在落后之说。文化软实力更加注重对体育民族性的强调，使“民族的才是世界的”这句话更加真切和现实，这无疑给民族传统体育文化落后论给予了有利的驳斥。

（二）文化软实力背景将提高了高校民族传统体育的服务意识

文化软实力本身具有文化服务的功能强调“文化服务”，而这个服务的对象往往决定了国家的政治倾向。例如，在阶级社会中，文化服务的对象主要是统治阶级，我国现代已经进入到社会主义初级阶段，因此，其所服务的对象应该是广大人民。

“文化自觉”这一概念，是费孝通先生于1997年在第二届社会文化人类学高级研讨班上首次提出的。他的观点主要论述的是中国人日后在跨文化的对话中应该力争一种主动的地位。要想获得这种主动，首先我们自己要有这种自信。只有这样，才能让别人也认同我们，在此基础上，我们再寻求与其他文化的交流。这一观点与文化软实力强调的文化自觉性不谋而合，而民族传统体育作为我国众多文化中的组成部分，其所具有的文化自发性与文化自觉性也有着良好的契合。

为此，在民族传统体育文化软实力的背景下，高校应该深刻领会其中的服务意识，使高校民族传统体育真正成为一个为广大学生服务的体育教学内容，对该内容的学习有助于学生的良好身心发展。唯有如此，才能从真正意义上树立学生的“文化自觉”。

（三）文化软实力背景将促进高校民族传统体育的多元化发展

文化软实力可以有效地保护一个国家有形文化遗产和非物质文化，这是文化得以保留其多样性的基础。为此，在这一文化背景下，再结合民族体育发展的特点，就需要要求各级各类学校在设置民族传统体育教学内容时应该注重发掘学校当地的特色民族内容。具体可以是在大纲的要求下，根据本地特殊民族传统体育资源灵活安排，即在鼓励实施“一纲多本”。21 世纪发展至今，全国中小学教材审定委员会审查通过的，义务教育阶段包含的 22 个学科共 167 种教材，普通高中 16 个学科共 67 种教材，这些教材都是一纲多本政策在教材上的体现。

之所以我国民族传统体育文化的软实力强大，还在于它本身具有的多元性，而“一纲多本”政策正是充分发挥这种多元性的最佳方法。

(四)文化软实力背景将引导高校民族传统体育“取精用宏”的发展方向

我国传统文化始终影响着中国人民的思维、行为方式乃至价值观。就民族传统体育来说，在传统文化的影响下，根据不同地域的习惯，又逐渐形成了民族传统体育所展现的地域文化。不同地区的地域文化相差万别，特别是那些相隔距离较远、地理气候差别较大的地区，其文化更是迥异。不过每种文化的背后都有其深厚的文化意义，众多民族文化有大小的异同，却无优劣之分，它们都表现出不同民族的文化特征。但在文化软实力发展的今天，以高校民族传统体育为载体的地域文化必须具有积极的意义。毛泽东同志曾经说过“我们这个民族有着数千年的历史，有它的特点，有它的许多珍品。对于这些，我们还是小学生。”但同时他也在《新民主主义论》中强调:“新民主主义文化是科学的，它是反对一切封建思想和迷信思想，主张实事求是，主张客观真理，主张理论和实践一致的。”

我国的民族传统体育在它的起源和历史发展中被赋予了多种多样的内涵。这里需要说明的是，一些民族传统体育的内涵并不完全是与现代社会核心价值观吻合的，如它可能是一种宗教祭奠的仪式或封建迷信的活动等。然而在今天，我们应该正确面对文化中一切内涵，借助文化的选择性特征，将其中封建糟粕的内容去除，将其中有利于人和文化健康发展的内容保留。摒除传统文化的消极因素，创造性地吸收、消化传统风俗习惯，在继承与发展中“取精用宏”。

当前，体育旅游产业欣欣向荣，不少地区都看中了这块市场“蛋糕”，不遗余力地开发相应资源，政府大多将多个村寨的民族传统体育项目网罗到民族风情园，并改造成舞台艺术。这些风情园的体育文化展演，也成为学生了解民族传统体育文化的一个很好的途径。

二、文化软实力背景为高校民族传统体育的发展提供保障

(一)文化软实力背景将重塑高校民族传统体育的文化价值

文化软实力的内涵中包含对外在和内在的双重形式，它对文化所蕴含的深厚民族核心价值观的追寻，是当今文化软实力发展的方向。对于高校民族传统体育文化思想价值的溯源，也是当代文化软实力对高校民族传统体育发展的要求。为此，著名作家冯骥才在其《精神的殿堂》一文中所说：“巴黎真正的象征不是埃菲尔铁塔，不是卢浮宫，而是先贤祠，只有来到先贤祠，我们才能真正触摸到法兰西的民族性，它的气质，它的根本，以及它内在的美”。由此可见，人们对于文化的追寻更多的是看重了其思想价值。

通过上面阐述的观点，将之与高校民族传统体育相结合，揭示高校民族传统体育的价值主要有两种，一种是强健身心的价值，为了体现这个价值，教学提出体现了运动技能的传授；另一种是德育价值。这两个观念都有一定的根据，但通过分析研究后发现，民族传统体育又不仅仅只有这两个价值，仅认识到此还远远不够。尽管高校民族传统体育具有的强身健体价值和德育价值是最为突出和显著地体现出来，但仍不能被忽视的还有对思想价值的传递。

由此可见，高校民族传统体育的价值是多样的，因此对学生

开展的民族传统体育教育就不只是一种身心教育，而更应是一种对我国民族传统核心价值观的教育。如果民族传统体育脱离了核心价值观而存在的话，那么将不会形成一种稳态，无异于是虚无缥缈的，也就无法形成如韩国跆拳道的礼仪和日本武士道的精神，只会是当今影视中虚幻的“飞檐走壁”“刀枪不入”的神奇超能力，如此则会给人以误导，脱离了实际。文化软实力背景下，强调核心价值观的回归，成为高校民族传统体育思想价值溯源的灯塔。

(二)文化软实力背景将保证高校民族传统体育政策法规的制定

文化创新是文化软实力提升的催化剂，而我国的文化创新需要依赖政策作为铺路石。因为必须要有一定的政策才能更好地指导文化的发展方向，才能调控文化的行为，以至于文化的发展能够始终保持有序和稳定。为了达到这个目的，我国应提升民族传统文化的地位，这具体可以表现在各种文化中对政策的提出和条文的颁布实施。高校民族传统体育在此背景下，也获得了更多的发展空间和更高的文化地位。

我国目前在经历了将近 40 年的改革开放后，国家在国际中的形象和地位已不可同日而语了，特别是突出的经济地位在世界可谓一枝独秀。物质条件的改善也相对给文化方面带来了一些冲击，使得国家的文化软实力有所下降。为维护国家文化安全，增强国家文化软实力，政府频繁出台了一系列有关文化发展的政策法规，如《经济、社会及文化权利国际公约》《保护世界文化和自然遗产公约》等。这些法律法规的健全对于促进我国法制社会、推进精神文明建设发挥了积极的作用。尤其是党的十七届六中全会通过的《中共中央关于深化文化体制改革推动社会主义文化大发展大繁荣若干重大问题的决定》明确提出：“加强文化法制建设，提高文化建设法制化水平。这是推进我国文化改革发展的新要求新任务，对于实现文化改革发展新目标、建设社会主义文化强国具有重要意义”。

国家的法制化已经成为世界主流国家的基本管理制度，我国也始终对依法治国拥有很大的追求。全社会对法制的诉求，使得我国逐渐从长期的人治社会走向法制社会，这种管理理念也深深影响了学校教育。这些政策法规包括中央性的文件，如 2007 年 5 月 7 日颁布的《中共中央国务院关于加强青少年体育增强青少年体质的意见》、关于《全国亿万学生阳光体育冬季长跑活动》规定等，这些法规文件为学校体育的健康长远发展提供了法律依据。而为了推动民族传统体育在学校中的开展，中宣部和教育部联合颁布了《中小学开展弘扬和培育民族精神实施纲要》。政策法规的颁布，都是高校民族传统体育发展的强势动力，为其今后的具体实施提供了崭新的机遇。

（三）文化软实力背景将促进高校民族传统体育物质基础的建设

国家文化的发展仅仅依靠硬实力来体现尚没有获得完全的说服力，而只有当文化软实力也获得提升后才可谓是真正的、质的提升。其中物质硬实力发挥其重要作用，成为软实力增强的保障。近 40 年的改革开放铸就了社会主义物质文明的基石，在此之后，人们便将视野放到了同样需要发展的精神文明之上。一时间，各种外来的文化充斥在人们生活的各个角落，也侵占着民族传统体育的生存空间。有研究表明，“仅广西壮族自治区 2001 年保存下来的民族传统体育项目调查统计结果为 134 项，而到了 2006 年就仅存 40 项左右”，这个事例很好地说明了我国的传统体育文化在受到外来冲击后展现的羸弱状态，这不得不引起我们的警觉，同时政府也应关注于此，对这些本土体育文化予以重视和做好必要的保护措施。

为此，北京市民委、北京市体委在这方面工作中走到了前列。他们于 1984 年倡议并成立了“北京市民族传统体育协会”，从协会成立之后，该协会通过查询资料、走访民族人士等多种途径，至

2003 年共挖掘出曾经广泛流行的 100 多个民族体育项目，后经过整理定型了 30 多个民族传统体育运动项目，这些项目经过发展成为街头巷尾、广场公园随处可见的锻炼方式。2011 年 2 月 25 日审议通过，并将于 2011 年 6 月 1 日起正式实行的《中华人民共和国非物质文化遗产法》，这项法规的出台对我国的非物质文化遗产保护工作无疑是富有历史意义的。

单纯依靠民间做好民族传统体育项目的保护工作是不现实的，民间的力量也是有限的。而政府方面对这个问题非常重视，力争从多个渠道开展保护工作，其中学校对于文化的传承功能就被充分利用了起来。现今我国各级学校已经在尝试开展多种项目的民族传统体育教学以及组织不同形式的民族传统体育项目竞赛，其开展主旨均围绕着“弘扬民族文化”。由此可见，不管是作为课程项目的确立，还是运动会的形式进行宣传，都可见民族传统体育在学校中区别于西方竞技体育，它是在运动的过程中兼顾对文化的传承与宣扬。由此可以说这是提升文化软实力的手段。

民族传统体育项目作为文化软实力的一种表现形式，它的发展尽管不会太多依赖物质条件的满足，但也不代表就完全不需要一定的物质投入，其中场馆建设则是高校民族传统体育发展的基本保障。在经过几次全国体育场馆设施普查工作后的结果表述学校体育场馆的建设，在整个社会场馆产业建设中所占比例较大。但是，这其中并没有显示出落后地区和少数民族地区的实际情况，并且该数据也不能真实反映出一些边远地区的高校教学场地数量不足、场馆老旧等问题。然而，恰恰是这些偏远地区存在有最为丰富的民族传统体育资源，长此以往必将阻碍高校民族传统体育的健康发展。随着国家对文化软实力的重视，明确到文化软实力的发展，将体育场馆作为体育文化产业进行合理的配置和经营，必将能改善此类地区的物质现状，促进高校民族传统体育的长远发展。

三、高校民族传统体育增强文化软实力竞争力

(一)高校民族传统体育为文化软实力竞争提供平台

新中国成立后党和政府非常重视体育事业的发展。为此,我国为体育事业的发展提供了大量资源,并同时为大众体育的发展制定了诸多促进性、引导性极强的政策和法规。在这些切实有效的措施下,时至今日,我国已经从过去的“东亚病夫”转变为了今天的体育大国。在这其中,高校民族传统体育在其中所起到的作用毋庸置疑。

在文化软实力的发展中,对于其中所包含的民族性与国际性而言,实际上两者并不矛盾,相反还有很多相互促进和弥补的作用。现实情况是,民族传统体育要想走向世界难度是相当大的,造成这种情况的原因主要是民族传统体育项目开展的规范化、科学化和制度化程度不足,这点与规则和各种机制较为成熟的西方体育有着巨大的不同。韩国的跆拳道在这里就是一个非常好的典型例子。实际上,早期跆拳道的发展也与我国传统体育有着相似的特点,但为了能够使这项运动走向世界,成为现代竞技体育中的重要一员,韩国对跆拳道做了改革,如去掉其中较为烦琐复杂的部分,简化其技术运动难度,并在学校实施段位制。

根据上面的事例,我国民族传统体育也许可以得到些启发,可以将民族传统体育项目引入学校后进行量化标准趋向的改革,以武术为例争取推出一套可供世界武术爱好者普遍认同的国际化制度,从而使民族传统体育为文化软实力的竞争力提升提供平台。

(二)高校民族传统体育能够成为文化软实力竞争载体

我国目前正处于社会主义发展的初级阶段,并且将会长期处于这一阶段。尽管如此,对于文化软实力的增强也主要依靠的是

良好的民族形象。

目前我国高校体育教学中普遍开设有民族传统体育的内容，这些课程对我国高校学生的民族意识和爱国主义精神都是一种莫大的培养。当这些学生与国外有人进行交流后，也是增添了外国人对我国文化的了解途经。同样，高校民族传统体育不仅教授学生们十八般武艺，还要给他们传达民族传统体育背后深刻的思想价值，如“天人合一”“物我两忘”等，这些思想价值将会在无形中影响这些学生的价值观念，影响他们的生活方式，这些影响就是文化软实力的“实力”之所在。

由此可见，只有将内与外相结合，对内加强高校民族传统体育文化的继承与创新，对外提高孔子学院民族传统体育精神内涵的引导和宣传，树立“和谐中国”的文化形象，只有这样文化软实力对高校民族传统体育的影响才可谓全面。

四、高校民族传统体育丰富文化软实力发展内涵

（一）高校民族传统体育为文化软实力的提升搭建平台

相异的文化背景，产生了丰富多彩的民族传统体育，不过也正是因为这种相异性在一定程度上给不同民族的民族传统体育的交流带来了阻碍，使他们彼此之间缺乏一种认同感。究其原因，有一部分是因为怕相互影响，想保存本民族文化的本质和纯正，另一部分原因在于文化背景的不同，民族之间的不认同感较大，有些民族之间甚至有较大的敌意，因此更不会学习对方的文化。这种情况不止在我国民族中出现，在世界多个多民族国家中都是存在的。

现代社会应该是一个信息共通的、各种文化交融的社会。在文化软实力背景下，尽管不同文化之间存在差别与竞争，但同时文化之间的彼此交流和融合也是社会发展的大势所趋。为此，文化软实力的多元化发展就成为它的一大特色。高校作为研究学

术的文化场所，自然给各种文化的交流提供了很大的空间，这些文化在高校内无高下之分，都具有研究的价值。首先，丰富多彩的民族传统体育项目来源于不同民族，学生可以通过学习了解其他民族的项目，进而了解不同民族的文化内涵。其次，当前我国学校采用开放办学，各族学生能聚于一堂，这也给民族之间的交流起到了基础推动作用。而文化的相互了解，正是文化竞争力提升的根本，正所谓，“知己知彼百战不殆”，学校给予多元化文化发展的空间，也是为提高国家软实力竞争力奠定了良好的基础。

（二）高校民族传统体育能够丰富文化软实力形式

“软实力”概念的提出是为了满足不同国家的实力区分要求。为此，它不仅是不同国家之间的软实力的对比，还可以是国家内部某个地区的“软实力”。“软实力”是在国际影响的情况下，文化实力的竞争力。

2007 年美国《时代》周刊进行了国家形象的调查，27 个国家 3 万民众评估了 12 个国家，日本获得了第一，中国与其相差 12%。通过这项数据可以了解到在世界范围内我国的国际形象低于日本，由此就需要使得我们认识到还需要在文化软实力方面给予加强，争取早日得到国际社会更多的认可。与此同时，注重文化软实力并且将文化传播到全世界的事例包括韩国的跆拳道班全世界满地开花、转播英超联赛的国家越来越多、日本的空手道培训日趋火热。为此，我国的民族传统体育也需要作为文化的使者走向世界。

第三节　文化软实力背景下高校民族传统体育的发展路径

当今我国正处于社会急速变迁的时期，现代化、全球化对中华民族文化带来了巨大的冲击，在西方强势文化的挤压下，民族传统文化已经到了非常危急的边缘境地。这种不利局面也影响到了高校民族传统体育在现代体育中的发展地位。要想改变这一发展趋势，走出前文中所说的发展瓶颈，需要在路径决策思想指导下，进一步探索切实可行的、多元化的发展道路。

一、坚持"终身化、特色化"的高校民族传统体育文化环境

文化环境是文化发展的土壤。良好的自然耕种土壤包含丰富的养料及较长的耕作时间，同样，良好的文化环境需要满足多元化元素和持久供给的特性。当前高校民族传统体育发展所遭遇的路径依赖，与其所处的贫瘠文化环境紧密相关。

要改善高校民族传统体育文化环境，首先需要保持一个开放的姿态，发展多元化民族传统体育文化，在高校民族传统体育教育中保持特色化发展。其次，建立终身化的改革方向，在教学中防止项目随意性强、无连贯性的弊端，加强项目选择的系统性、连贯性，采用螺旋上升式教育理念，循序渐进的发展高校民族传统体育。

二、力争与教育政策接轨，增强高校民族传统体育执行力

我国教育政策是以人民利益为出发点，依据不同时期历史使命，制定的教育发展目标、任务和行动准则。中华民族自古以来就以教育为重，古有"万般皆下品，唯有读书高"，今有"百年大计，教育为本"。尤其改革开放以来，随着各项政策的不断出台和实施，教育政策也层出不穷。然而，政策出台后的实施却面临着主要的两个问题。第一，教育政策的缺席。如政策制定的时间差导致政策的滞后，使得教育政策无法适应改革需要；第二，教育政策的无能，如有些相关部门阳奉阴违，导致政策无法切实实施。这两种现象在前期分析路径依赖中，就曾明晰可见，对于方兴未艾的高校民族传统体育发展，要解决这两大政策问题，必须做到将

实践与政策全面接轨，增强高校民族传统体育的执行力。

三、积极开发“民族传统体育”独立课程

当前高校民族传统体育，在教学实施中并不是以课程的形式出现，而是在体育课程中作为教学内容存在。这种形式既不能保证高校民族传统体育与西方体育并行发展，也很难保障足够的课时和场地，以及配套的专业师资，更谈不上对民族传统文化的继承与发展。所以，在新的文化软实力发展背景下，高校民族传统体育单独成为一门课程，不失为一种可供选择的新路径。

四、合理调配社会资源，探索可持续发展之路

在文化软实力发展背景下，高校民族传统体育承载了比其他学科以及其他体育教学内容更多的文化使命。因此，在对民族传统体育的教学与活动的开展中，不应只是着眼于校内的活动，而还需要将活动的形式与影响面拓宽，最终使其成为一种能够对社会产生影响的行为。如此一来既能满足高校民族传统体育文化源于社会的命题，也符合它未来的发展方向。为此，对社会资源的合理调配，探索一条民族传统体育的可持续的发展之路就显得很有必要。下面主要阐述两种常见的社会资源为民族传统体育服务的方式。

（一）创办传统体育文化电影周

在现代文化产业中，电影是不容被忽视的一种重要文化传播形式。将文化内容融入电影之中更易于被人们所了解和接受，这就使得电影成为社会中一种非常有力的宣传载体。例如，功夫巨星李小龙的电影在世界范围内都产生了十足的影响力，以至于外国人看到中国人都认为中国人都是一身武功。这种民族传统体育对其文化的影响，正是源于电影在他们意识领域的映射。近些

年来，我国创作了《霍元甲》《叶问》《新少林寺》等一大批优秀的宣传中华民族传统体育的电影，打造了成龙、李连杰、甄子丹等优秀的电影实力派偶像。这些优秀作品和电影明星，以喜闻乐见的形式和心理崇拜优势，对于培育当代学生的民族精神影响深远。所以，高校民族传统武术的传播与发展可以充分借助电影文化的形式，组织以“功夫电影、文化中国”为主题的电影周活动，力求首先让学生认识武术、了解武术，从而在从其他方面更深层次的接触武术、练习武术、热爱武术直到最终终身与武术结缘。

(二)合理利用社会民族传统文化资源

近年来我国越发重视发掘、保护、发展民族传统体育文化，为此还兴建了许多“博物馆”“科技馆”“风情园”等项目。以上海体育学院于 2007 年创办的中国武术博物馆为例，虽然该馆的面积相对其他博物馆来说不算太大，藏品的数量也不占有优势，但是其珍藏的有关武术方面的文物和数字化多媒体互动区域，是任何一家博物馆难望其项背的，不愧称之为“世界上第一家全方位展示武术历史与文化的博物馆”。这些馆藏珍品和互动体验，将中国武术的发展历程，清晰地展现于参观者的眼前，很好地诠释了中国武术的魅力。像这样有利于民族传统体育文化传播的社会资源在全国范围的存在数量寥寥无几，其能发挥出的作用也微乎其微。不过从一个侧面也可以知道这种资源的利用以获得文化本体的传播还有巨大的潜力可挖。

五、开拓“现代化、信息化”路径，增强民族传统体育竞争力

由于受到教育资源分配不平衡等问题，高校体育教学总是会受到一定的限制，而对于目前并非主流体育教学内容的民族传统体育来说能获得的资源更是捉襟见肘。西部地区拥有者众多民族，享有丰富的民族传统体育资源，但苦于受到经费的限制，对这资源的教育开发几乎是停滞的。要想突破这一瓶颈，发挥当今社

会信息化优势，进行资源的合理调配，充分把握教育面向现代化，不仅能促进我国民族传统体育的自身发展，还可进行对外宣传，以增强民族传统体育国际竞争力。教育部近期颁布的《教育信息化十年发展规划（2011－2020 年）》，为高校民族传统体育“现代化、信息化”提供了指导思想。工作方针中提到的“面向未来，育人为本；应用驱动，共建共享；统筹规划，分类推进；深度融合，引领创新。”方针政策，也给高校民族传统体育“现代化、信息化”之路指明了方向。

第五章　高校民族传统体育之武术技能解析与发展研究

在民族传统体育项目中，传统武术是其重要的内容，它是高校民族传统体育教学的重要方面。在进行传统武术学习时，应首先了解技能学习的基本理论，这样才能够科学进行武术技能学练。本章对传统武术的技能学练的相关理论进行了阐述，其后对武术基本功、拳术、器械套路等方面的学练进行了指导，最后对我国高校武术教学实际进行了分析与探讨。

第一节　武术技能理论与解析

一、运动技能概述

运动技能即为人们有效完成专门动作的能力。运动技能的获得需要大脑皮层主导下不同肌肉之间进行相互协调。在运动训练过程中，大脑皮层对于肌肉收缩的精确支配能力逐渐提高，从而运动技能水平也在不断提高。

一般将运动技能分为闭式技能和开式技能。闭式技能多为一些重复性运动动作，其依靠人体感受器来对人体的运动信息进行反馈调节，受外界环境的影响较小，如骑自行车、游泳、跑步等都是闭式技能。开式技能则受到外界环境的影响较大，人感知外界环境的变化来对运动进行调节，这类运动技能较为复杂，需要人体的多个分析器参与工作，这些运动技能包括篮球的运球突破、散打等。另外，根据运动技能连贯与否而将其分为连续性运动技能和非连续性运动。连续性运动技能如跑步、滑冰等，动作持续时间较长，没有明显的起始点；非连续性运动技能动作较为短暂，有明显的起始点，其动作多由突然爆发的动作组成。

人们在开展相应的运动时，大脑皮质细胞与皮质所有其他中枢建立暂时性神经联系——条件反射形成的神经机制。通过进行动作练习，能够使得人体形成简单的运动条件反射。在学习相应的运动技能时，其本质就是建立相应的条件反射的过程。①

运动技能的条件反射是相对较为复杂的，在学习相应的运动技能的过程中，大脑皮质中枢内支配部分肌肉活动的神经元在机能上进行排列组合，使得兴奋和抑制能够在运动中枢内有序、有规律、有严格时间间隔地交替进行，从而使得条件反射系统化，这也即为动力定型。

二、武术技能学习的影响因素

（一）反馈

以传播学的观点来看，反馈即为传播者将信息传给接受者之后，接受者将信息进行相应的加工之后又传回，从而对信息的传播者产生相应的影响。反馈可分为积极的反馈和消极的反馈，积极的反馈能够促进促进事物的良性发展，消极反馈则可能会阻碍事物的发展。

在进行相应的武术技能学习时，反馈机制对于技能学习具有重要的影响。其作用主要表现在提供信息、强化作用和激发动机三方面。提供信息作用主要是指，反馈机制能够为中枢系统提供新的信息，这些信息能够让我们纠正错误动作，从而做出正确的

---

① 封飞虎，凌波．运动生理学[M]．武汉：华中科技大学出版社，2014.

应答。强化作用表现在，一方面可以通过鼓励来达到增强和提高动作效果的作用；另一方面也可以通过批评来达到减弱或降低效果的作用。激发动机作用即为，适宜的反馈信息可以激发情绪或增强信心。

（二）感觉信息

本体感觉在武术技能形成过程中有特殊的意义，因为没有本体感觉的参与就不可能形成运动技能。通过强化本体感觉能够更好地掌握武术技能。人体的各种感觉与本体感觉之间具有重要的关系，其对于运动技能的形成具有重要的影响。

1.听觉

听觉是人们接收信息的重要方式。在学习过程中，教师通过分析、讲解将相应的动作技能的基本概念、要点、难点等，让学对动作技能具有一定的认知。因此，听觉对于武术技能的学习具有重要的影响。为了提高教学的效果，教师讲解应生动、简练。

2.视觉

视觉是人体接受信息的重要方式，人们通过眼睛来捕捉外界信息。视觉对于武术技能的形成也具有重要的影响。通过观察，能够直观了解技术动作的细节和路线。通过进行观看，能够对技术动作形成整体的认知，帮助运动者消除错误的动作。

3.位觉

武术套路都有相应的动作标准，身体、手和脚在空中的位置都有相应的要求，这就需要建立位觉和本体感觉之间的联系。此外，可利用皮肤感觉的作用，根据足掌的压力感知身体重心的位置以调节平衡。

（三）大脑皮质的兴奋状态

上文我们提到，在进行运动技能学习时，其本质就是建立相应的神经条件反射，在这一过程中，大脑皮质发挥了重要的作用。大脑皮质的兴奋状态对于运动技能的掌握具有重要的影响。如果大脑皮质兴奋性较低，则条件反射难以连接；如果大脑皮质兴奋性过高，则兴奋容易扩散难以集中。

（四）个体因素

1.动机

动机使得人们产生相应的行为。如果动机较为强烈，则能够更好地唤起内部能量，为了达到相应的目标会付出更多的努力。因此，武术技能学习过程中，学习者的学习动机对其运动技能的掌握具有重要的影响。如果缺乏学习动机，运动技能学习时消极被动，情绪不高，难以掌握。

2.智商

智商包括多个方面，如观察力、记忆力、想象力、分析判断能力、思维能力、应变能力等。具有较高的智商，在进行运动技能学习时，能够更快、更好地掌握。特别是传统武术，不仅是套路动作的学习，其是一种复杂的、高策略性的运动技能，学习者的智商水平对运动技能的掌握具有重要的关系。

3.性别与年龄

（1）性别

性别对于武术运动技能的学习也具有重要的影响。对于一些柔韧性要求相对较高的项目，女性在学习时更占优势；而一些对力量有要求的武术项目，则男性学习时更占优势。例如，我国的传统拳术八极拳，刚猛脆烈，女性练习难以掌握精髓。

（2）年龄

随着年龄的增长，人们的学习能力会不断下降，身体素质水平也会下降。而武术运动相对较为复杂，并且对于人的身体素质具有一定的要求。因此，年龄对于武术技能的掌握具有一定的影响。

三、武术技能学习的过程

（一）武术动作的认知阶段

在武术动作的认知阶段，是学习者内在的思维活动的过程。在学习时，有以下三步：其一，学习者产生学习动机；其二，学习者感知相应的技术动作，建立初步的认识；其三，在原有技能和经验基础上进行联想和探索。

这一阶段主要是内部思维联想的过程，也会进行一些模仿动作。在发动认知阶段，主要的任务和要求有如下几方面。

(1)学习者应明确技术动作的作用及意义，培养良好的学习动机和学习欲望。

(2)学习者在听讲和观察示范的基础上，对技术动作形成感性的认识。

(3)学习者应将动作技术与之前的技能和经验联系起来，这样更易于开展学习。

（二）武术动作的粗略掌握阶段

武术动作的粗略掌握阶段，做出的动作不标准、不连贯，错误较多，节奏不协调。这时大脑皮质受到新异刺激的影响，处于强烈兴奋和广泛的扩散状态，从而不能较好地指令效应器做出准确的反应。学习者应建立相应的感性认识，了解其要领与做法，尝试模仿、学习一些粗略动作。在学习过程中，应注意以下几方面。

(1)学习者应注重动作要领与动作路线，进行模仿与尝试练习，建立初步的肌肉本体感觉。

(2)教师应注重进行动作示范和形象的讲解，注重直观教学。

(3)注重掌握技术动作的重点环节，对于一些细节内容不过多关注。

(4)相对较为复杂的技术动作,可采用分解法进行教学,降低动作的难度。

(三)武术动作的改进和提高阶段

在进行传统武术技能学习的改进和提高阶段,经过不断的练习和改善,大脑皮质的分析能力逐渐精密,能够准确地将动作连接起来,对动作技术的概念和要领的理解更加清晰。已基本学会了动作,动力定型初步形成。但还不够稳定,在强烈刺激的干扰下,动作容易遭到破坏。学习者应消除多余动作,改进动作细节,提高节奏感和协调性。此阶段,应注意以下几个方面。

(1)这一阶段的练习应注重动作的完整性,对于一些难点和关键动作可进行分解练习。

(2)对于动作技术的认识应由感性认识上升到理性认识,形成正确的技能概念。

(3)为了促进动作技能的准确性,可加大练习的难度,促进更好地掌握,不断能提高动作的质量。同时,应及时纠正错误动作。

(四)武术动作的巩固与应用自如阶段

在动力定型形成之后,通过不断练习,使得技能巩固并应用自如。这时,大脑皮质内兴奋与抑制过程都更加集中,动作更协调、准确、优美,不易受到外界环境的干扰破坏。在动作的巩固与应用自如阶段,应注意以下几点。

(1)加强练习,以确保在较大的压力下依然能够保证动作的质量。

(2)动作自动化之后,更应该错误动作的纠正,可通过他人指点来使得技术动作更加完美。

(3)将提高武术技能与增强身体素质结合起来。良好的身体素质是掌握武术技能的基础。

四、武术技能学习的体悟

武术技能的掌握不能仅仅依靠不断重复练习，而应该进行体悟。通过体悟将动作意向与武术技能结合起来，促进身心合一，形神一体，从而不断达到武术的最高境界。①

在进行武术技能学习时，通过不断进行练习才能够逐渐达到动作技能的自动化。武术要达到动作技术的“炉火纯青”也需要不断进行练习。但是，机械地去学习其效果是有限的。应边练习边思考边纠正，确保练习的质量，达到事半功倍的效果。

动作技术的练习是一种反复的行为，但是并不是简单的重复。也就是说，在进行武术动作练习的初期，每次动作练习都应有目的地解决动作存在的不足及问题，使得动作不断得到优化。在动作练习过程中，还应心智活动的参与及配合。整个技术动作的练习过程也是身脑并用、勤劳苦思的过程。通过不断对武术的技术动作进行体悟，才能够体会技艺的精微妙巧，从而使技能出神入化。②

第二节　武术基本功学练

一、启功

（一）压肩

压肩动作如图 5-1 所示。可以独自一人进行压肩，也可由同

① 曹华.体悟练习与武术技能的习得[J].山东体育学院学报，2014(02).

② 同上

伴帮助进行压肩。在压肩时，上体前俯做振压肩动作，逐渐加大振幅。

图 5-1

(二)握棍转肩

握棍转肩即为双手握木棍，以肩为轴进行转动，来达到增加肩部灵活性的目的。具体见图 5-2 所示。

图 5-2

(三)臂绕环

1. 单臂绕环

单臂绕环即为运动者进行的肩部前后左右的环绕动作，如图 5-3 所示。在环绕时，可左右手臂交替进行练习。

图 5-3

2. 双臂前后绕环

双臂前后环绕能够同时锻炼双肩。双手手臂向不同方向环绕，然后手臂再转换环绕的方向，从而达到肩部锻炼的目的(图 5-4)。

图 5-4

3. 双臂交叉绕环

双臂交叉绕环如图 5-5 所示，不仅能够促进肩部柔韧性的发展，还能够扭转腰胯，锻炼腰胯的灵活性。

图 5-5

4. 仆步抡拍

仆步抡拍如图 5-6 所示，不仅能够促进肩部锻炼，能够促进腰胯、双腿的柔韧性的发展，是一种综合性的锻炼方法。

图 5-6

二、腿功

(一)压腿

1. 正压腿

正压腿时，如图 5-7 和图 5-8 所示。支撑腿和搭在肋木上的腿和腰部都应保持正直，这样才能够起到腿部锻炼效果。压腿时，应上体前俯做压振动作，左右腿交替进行。压腿时会有一定的痛感，为正常现象。

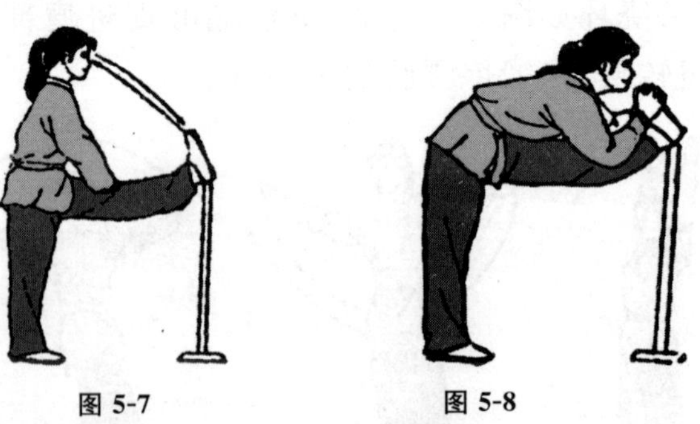

图 5-7　　图 5-8

2. 侧压腿

侧压腿如图 5-9 所示，侧对肋木站立，将腿放在肋木上进行压振练习。

图 5-9

3. 后压腿

后压腿如图 5-10 所示。背对肋木站立，将一条腿后伸放在肋木上，然后上体后屈做压振动作。

图 5-10

4. 仆步压腿

仆步压腿如图 5-11 所示。在压腿时，一条腿屈膝全蹲，并保持全脚掌着地。另一条腿伸直，脚尖内扣，也是全脚掌着地。臀部下压，尽可能保持腰部挺直。

图 5-11

(二)搬腿

1. 正搬腿

正搬腿需要具有一定的柔韧性基础。先将一条腿抱起,然后向前上方举起,如图 5-12 所示。在练习时,也可靠墙站立,由同伴将腿搬起。练习时双腿保持正直,挺胸立腰。

图 5-12

2. 侧搬腿

侧搬腿也需要练习者具有良好的柔韧性基础。侧搬腿具体做法如图 5-13 所示。

图 5-13

(三)劈腿

1. 竖叉

竖叉如图 5-14 所示。在做动作时,保持腰部挺直,双腿也应挺直。

2. 横叉

横叉如图 5-15 所示。

图 5-14

图 5-15

(四)控腿

1. 前控腿

手扶肋木,一条腿前提、上伸,紧绷脚尖,保持一段时间(图 5-16)。应挺胸、直膝。

2. 侧控腿

侧控腿如图 5-17 所示。做动作时应挺胸、直背、开髋、挺膝。

3. 后控腿

后控腿如图 5-18 所示。

图 5-16

图 5-17

图 5-18

(五)踢腿

1. 正踢腿

如图 5-19 所示。手扶肋木，一脚挺膝上踢，然后还原。踢腿时，保持挺胸、立腰、收腹、沉髋。

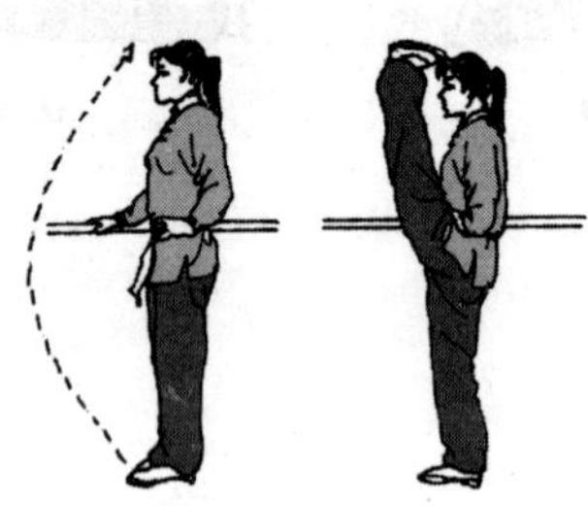

图 5-19

2. 侧踢腿

侧踢腿如图 5-20 所示。要求与正踢腿相似，只不过向侧踢。

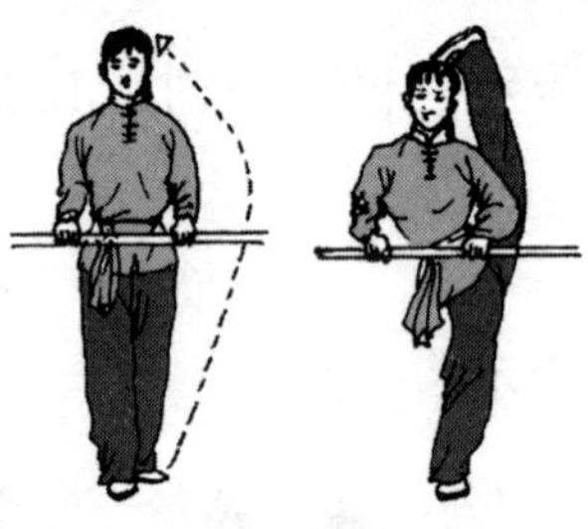

图 5-20

3. 后踢腿

后踢腿如图 5-21 所示，在后踢腿时，脚尖绷直，挺膝向后上踢起，也可大腿后踢过腰后，松膝，用脚掌触头部。

图 5-21

三、腰功

(一)俯腰

1. 前俯腰

前俯腰如图 5-22 所示，上体前俯双手撑地或抱住跟腱，保持一段时间。双腿应伸直。

图 5-22

2. 侧俯腰

侧俯腰练习如图 5-23 所示，上体向左下侧下屈，直至两手触地，并保持一段时间。在这一过程中，两腿伸直。

图 5-23

(二)甩腰

甩腰时，双臂上举，然后以腰、髋关节为轴进行旋转，如图 5-24 所示。

图 5-24

(三)下腰

下腰如图 5-25 所示，双手、双脚撑地，腹部上挺，成桥形。

图 5-25

四、桩功

(一)马步桩

马步桩时一种常用的下肢力量锻炼方法，通过马步桩练习，能够使得下盘更稳。如图 5-26 所示，以下蹲的姿势保持尽可能长的时间。在这一过程中，大腿应接近与地面平行，两脚之间的距离宽于肩部。

(二)虚步桩

虚步桩也是一种锻炼下肢力量的方法，其要比马步桩困难。如图 5-27 所示，挺胸、塌腰，以一条腿支撑，并且支撑腿保持半蹲姿势；另一条腿前伸虚点地，并绷直脚尖。

图 5-26　　图 5-27

(三)浑元桩

1. 升降桩

升降桩是一种动态的桩功，如图 5-28 所示，双脚平行开立，并与肩同宽，屈膝半蹲；双手屈肘水平置于胸前，掌心向下，配合呼吸做升降动作。具体而言，升时配合吸气，小腹外凸；降时配合呼气，小腹内凹。初练时要求静站 2～3 分钟，然后逐渐增加。

图 5-28

2. 开合桩

开合桩如图 5-29 所示，双腿姿势与升降桩相同。双手则于胸前屈肘，手心向胸，手指之间相对，随呼吸做开合运动。开时配合吸气，小腹外凸；合时配合呼气，小腹内凹。

图 5-29

第三节　武术之拳术与器械套路学练

一、五行连环拳健身练习

(一)动作名称

预备姿势;进步右崩拳;退步左崩拳(青龙出水);顺步右崩拳(黑虎出洞);退步抱拳(白鹤亮翅);进步炮拳;退步左劈掌;拗步右钻拳;跳步双劈掌(狸猫上树);进步右崩拳;回身式(狸猫倒上树);收势。

(二)主要动作

1. 预备姿势

以三体式开始。胯要缩(不挺出),膝要扣,足要平稳。形意拳以“三体式”为其基本桩步,形成别具一格的前三后七“夹剪”劲的特殊步型。要求前腿如夹剪之前上刃,前膝顺,前足轻;后腿如夹剪的后下刃,后足重。胯要微向里,内含“缩劲”,膝要微向里,内含“扣劲”。两腿要适度弯曲,还要拧腰、顺后膝。

2. 进步右崩拳

动作方法:两掌变拳握紧,左脚前进一步,右脚随之跟进半步，重心偏右腿。前脚跟与后脚跟相对，两脚距离约30厘米。同时右拳顺着左臂方向直向前打出，拳眼向上，拳面微向前倾；左拳撤至腰部左侧，拳心向上。眼看右拳。

3.退步左崩拳(青龙出水)

动作方法：左脚、右拳不动，右脚向后撤半步，然后左脚再顺着右脚方向撤至右脚后方，两腿交叉，左脚顺，右脚横，左脚跟微离地面，成稍蹲姿势。左脚向后撤时，左拳向前打出，拳眼向上；右拳同时撤到腰部右侧，拳心向上。眼看左拳。

4.顺步右崩拳(黑虎出洞)

动作方法：右脚向前一步，左脚随之跟进半步。同时，右拳顺着右脚方向直向前打出，拳眼向上，高与胸平；左拳撤至腰部左侧，拳心向上，成右拳、右脚在前的顺步崩拳姿势。眼看右拳。

5.退步抱拳(白鹤亮翅)

动作方法：左脚向左后方撤半步，同时右臂屈肘，右拳贴近腹部由上向下插，拳心向上；左拳置于右拳下方，拳心向上。两臂同时向上摆起(右拳左掌)，经头部前上方分开，再由两侧下落画一立圆，收到腹前，右拳落在左掌心内。上体稍右转，同时右脚撤到左脚前方。眼看前下方。

6.进步炮拳

动作方法：右脚向前迈进一步(略向右斜)，左脚向前跟进半步。同时，左掌变拳向前打出，拳眼向上，高与胸平；右拳经胸前向上翻转上架，停于右额角旁，成右脚、左拳在前的拗步姿势。眼看左拳。

7.退步左劈掌

动作方法：右拳向体前下落，拳心向上；左拳收回，停于腰部左侧,拳心向上。右脚随之向后撤一步。眼看右拳。左拳经右前臂上方向前伸掌并翻转下按,右拳在左拳变掌翻转时也变掌下按,停于腹前。眼看左掌。

8. 拗步右钻拳

动作方法:前势稍停,右脚不动,身体稍向右转,两掌随之下落变拳,收至腹前,拳心均向上,两前臂抱于腰部两侧。同时左脚收回提起,紧靠在右脚踝关节处。眼看前方。身体左转,左拳由胸前向上钻出,然后左脚前进一步,右脚随之跟进半步。同时,右拳顺左前臂上方钻出,高与鼻尖平;左拳向里翻转,撤回腹部左侧,拳心向下,眼看右拳。

9. 跳步双劈掌(狸猫上树)

动作方法:两手不动,左脚直向前垫半步,膝部微屈;右腿随之向上提起,脚尖上勾,然后右脚脚跟用力向前下踩落地;左脚随之跟进半步,脚跟离地,成前脚(右脚)横、后脚(左脚)顺的交叉半蹲姿势。同时左拳变掌顺右臂内侧向前、向下劈,高不过口;右拳变掌撤至腹前。眼看左掌食指尖。

10. 进步右崩拳

动作方法:两掌变拳,右脚先向前垫步,然后左脚向前进一步,右脚随之跟进半步,重心偏于右腿。同时右拳顺左臂直向前打出,拳眼向上;左拳撤至左腰侧(拳心向上)。眼看右拳。

11. 回身式(狸猫倒上树)

动作方法:左脚尖里扣,以右脚掌为轴,身体向右后转 180°。同时右拳屈肘收回右腰侧(拳心向上),重心偏于左腿。眼平视前方。右拳由胸前经下颌向上、向前钻出,高与鼻尖齐平。右腿向上提起,脚尖上勾,然后右脚脚跟用力向前、向下踩,横脚落地;左脚也随之跟进半步,脚跟离地,左膝与右膝窝抵紧,成右脚横、左脚顺的交叉半蹲姿势。同时,左拳变掌,顺着右臂内侧向前、向下劈,手高不过口;右拳变掌撤至腹前。眼看左掌食指尖。

12.收势

动作方法:往返打到原来起势的位置,回身做收势,收势动作与五行拳的崩拳收势相同。

二、刀术套路学练

(一)预备势

两脚并立,左手虎口朝下,拇指在前,其余四指在后握住刀柄,手腕部贴靠刀盘,刀刃朝前,刀尖朝上,刀背贴靠前臂内侧;右手五指并拢,垂于身体右侧;目视前方(图5-30)。

(二)第一段

1.起势

左手握刀与右手同时从两侧向额上方绕环,至额前上方时,右手拇指张开贴近刀盘,接握左手刀(图5-31)。注意两臂从体侧向额前上方绕环的动作必须协调一致。

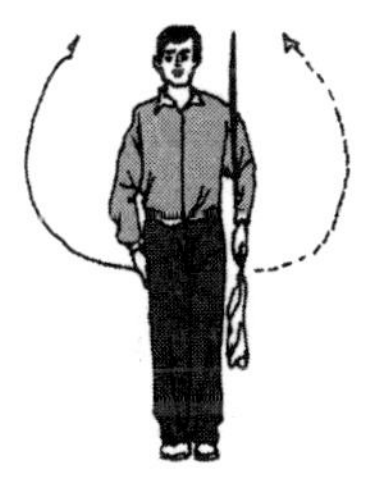

图 5-30

图 5-31

2.弓步藏刀

(1)右腿屈膝略蹲,左脚向左上步。右手持刀使刀背贴身从左绕向身后，左臂内旋（拇指一侧朝下）向左伸出。目向左平视。

（2）上身左转，左腿屈膝，右腿伸直，成左弓步。右手持刀，手心朝上，上身左转的同时，从身后向右、向前、向左平扫至左肋时臂内旋，手心朝下，刀背贴靠于左肋，刀身平放，刀尖朝后；左臂随之屈肘上举至头顶上方成横掌。目视前方。如图 5-32 所示。

图 5-32

3. 虚步藏刀

（1）上身右转，左腿伸直，右腿屈膝，成右弓步。右手持刀，手心朝下，随上身右转向右平扫，刀背朝前；左掌随之向左侧平落，手心向下。目视刀身。

（2）顺扫刀之势右臂外旋，手心朝上，使刀背向身后平摆。

（3）以右脚前脚掌为轴碾地，脚跟外展，上身随之左转，左脚后收半步成虚步。刀尖朝下，从背后向左肩外侧绕行；同时，左手经体前向下、向右腋处弧形绕环。目向左前方平视。

（4）右手持刀从左肩外侧向下、向后拉回，肘略屈，刀刃朝下，刀尖朝前；左手随即向前成侧立掌平直推出，掌指朝上。目视左掌。

4. 弓步扎刀

左脚稍前移，踏实，右脚随即向前上步，成右弓步。左掌在上步的同时，向后直臂弧形绕环至身后平举成勾手，勾尖朝下；右手持刀随之向前扎刀，刀刃朝下，刀尖朝前。目视刀尖。注意刀尖和右手、右肩要平行，上身略前探，力达刀尖。

5.弓步抡劈

(1)左脚向左斜前方上步,成左弓步。右手持刀臂内旋、屈腕,使刀尖由左斜前方向上挂起,刀刃朝上;左勾手变掌附于右肘处。目视刀身。

(2)右手持刀从上向右斜前方劈下,刀尖稍向上翘;左臂同时屈肘上举,至头顶上方成横掌。目视刀尖。动作如图 5-33 所示。

图 5-33

图 5-34

6.提膝格刀

左脚尖外展,右腿提膝。刀由前下向左上横格,刀垂直立于胸前,刀尖朝上,刀刃向左;左手横附于刀背上。目视刀身(图 5-34)。

7.弓步推刀

(1)右脚向前落步。右手持刀向后、向下贴身弧形绕环;左掌此时从上向下按于刀背上面。目视刀尖。

(2)上体微右转,左脚从体前上步,成左弓步。右手持刀随之向前撩推,刀刃斜朝上,刀尖斜朝下;左掌仍按刀背,掌指朝上。上身前探,目视刀尖。如图 5-35 所示。

图 5-35

8. 马步劈刀

上体右转，两腿屈膝半蹲成马步。右手持刀从左向上、向右劈下，刀尖稍向上翘与眉相齐；左掌在头顶上方屈肘成横掌。目视刀尖（图 5-36）。

注意转身、劈刀要快，力达刀刃；马步两脚尖要向里扣，大腿坐平。

9. 仆步按刀

右脚向右后方撤一大步，右腿屈膝全蹲，左腿伸直平铺，成左仆步，上身右转的同时，右手持刀做外腕花（以腕为轴，刀在右臂外侧向前下贴身立圆绕环）；左掌同时向下按切，附于右手腕，刀尖朝左，刀刃朝下。目向左平视（图 5-37）。注意撤步与外腕花快速有力，并与仆步按刀协调连贯；做仆步时，上身略向左前方探倾。

图 5-36

图 5-37

(三)第二段

1. 蹬腿藏刀

(1)右腿蹬直立起，左腿提膝成独立；右手持刀向右后拉回，左掌向左前方伸出，掌指朝上。目视左手。

(2)上身左转，右手持刀从后向前由左膝下方朝左裹膝抄起，左掌屈肘附于右前臂。目视前下方。

(3)右手持刀从左肩外侧向后沿肩背绕行，左腿即向左斜前方落步成左弓步，左掌向左平摆。

(4)右手持刀经肩外侧向前、向左平扫，至左肋时顺扫刀之势臂内旋，将刀背贴靠左肋；左掌随之屈肘上举至头顶上方成横掌。

(5)右脚脚尖上翘，用脚跟向前上方蹬腿。目视脚尖。

注意缠头时必须使刀背绕裹左膝后顺脊背绕行，动作要迅速，蹬腿要快，并与缠头刀协调连贯。

蹬腿藏刀动作如图5-38所示。

图5-38

2.弓步平斩

(1)右脚向前落步。

(2)左脚向前上步，右脚趁势提起，上身在上步的同时向右后转。右手持刀手心朝下，随着转身平扫一周；左掌从上向左后方平摆，掌心朝上。

(3)右手持刀臂外旋，刀尖朝下，使刀从右肩外侧向后绕行，做裹脑动作；右腿后撤一步，成左弓步。右手持刀使刀背贴靠于左肋，刀尖朝后；同时左掌屈肘上举至头顶上方成横掌。目视前方。

(4)上身右转,成右弓步。右手持刀,手心朝下,向右平扫,扫腰斩击,刀尖朝前;左掌同时从上向后平摆,掌指朝后。目视刀尖。如图 5-39 所示。

图 5-39

3.弓步带刀

(1)右手持刀臂外旋,使刀刃朝上,刀尖稍向下斜垂。

(2)重心左移,左腿全蹲,右腿挺膝伸直平铺成仆步。右手持刀向左上方屈肘带回;左臂屈肘,左掌附于刀把内侧,拇指一侧朝下。目向右侧平视。

4.歇步下砍

(1)上身稍抬起。右手持刀,刀尖朝下,从右肩外侧向背后绕行;左掌同时向左侧平伸,拇指一侧朝下。

(2)左脚从身后向右侧插步。右手持刀从背后向左肩外侧绕行,手心朝下,刀身平放,刀尖朝后;同时,左掌向右腋处弧形绕环。目向右视。

(3)两腿屈膝全蹲成歇步。右手持刀在歇步下坐同时向右下方斜砍,刀刃斜朝下,刀尖朝前;左掌随之向左摆出,在左侧上方成横掌。目视刀身。如图 5-40 所示。

图 5-40

5. 弓步扎刀

上体左转，双脚碾地，左脚向前上半步，成左弓步。同时，右手持刀，随势向前平伸直扎，刀刃朝下，刀尖朝前；左掌顺势附于右腕里侧。目视刀尖。注意转身、碾地、上步与扎刀协调连贯，力达刀尖。

6. 插步反撩

(1)上体稍直起并右转，右脚不动，左脚向右前方活步。同时，右臂内旋，刀背朝下，使刀由前向上、向后直臂弧形绕行，刀刃朝下；左掌在屈肘时收于右肩前侧。

(2)右脚向左脚前方上步，成右弓步。同时，右手持刀向下、向前直臂弧形撩起，刀刃朝上，刀尖朝前；左掌由右肩前向上直臂弧形绕行至头部上方时，屈肘横架，掌心朝上，掌指朝前。目视刀尖。

(3)右脚内扣，上体左转，刀随转体收于腹前，刀尖上翘，左掌下落附于右腕处。目视刀尖。

(4)左脚向右脚后横迈一步成左插步。同时，右手持刀向后反臂弧形撩刀，刀刃朝上；左掌向左上方插出，掌心朝前。目视刀尖。如图 5-41 所示。

图 5-41

7. 弓步藏刀

(1)左脚向左前方上一步。同时,右手持刀臂内旋,刀尖朝下,使刀由左肩外侧向后绕行,做缠头动作。

(2)身体重心左移,成左弓步。右手持刀由背后经右向左平扫,至左肋时顺扫刀之势臂内旋,使刀背贴靠于左肋,刀尖朝后;同时,左掌屈肘上举至头顶上方成横掌。目视前方。注意缠头时必须使刀背贴靠脊背绕行,扫刀要迅速,力达刀刃。

8. 虚步抱刀

(1)上身右转,左腿伸直,右腿屈膝。同时,右手持刀向右平扫,左掌随之向左平摆,掌心朝上。目视刀尖。

(2)上身稍直起,同时右手持刀顺平扫之势,臂外旋,手心朝上,使刀向身后平摆,继而屈肘上举使刀尖下垂,刀背贴身;左掌协调配合。目向右平视。

(3)上体右转,成右弓步。右手持刀由背后经左肩外侧向身体前方平伸拉带,刀刃朝上,刀背贴于左臂,刀尖朝后;左掌由左向下、向前直臂弧形摆起,至脸前时,拇指张开,用掌心托住刀盘,准备将右手之刀接回。目视两手。

(4)右脚跟外转，上体左转，左脚由左移至身前，成左虚步；同时左手接刀，经身前向下、向身体左挑抱刀下沉，刀刃朝前，刀背贴靠左臂，刀尖朝上；右手由身前向下、向后、向上直臂弧形绕至头上方时屈腕成横掌，掌心朝前，肘稍屈。目向左平视。如图 5-42 所示。

图 5-42

9. 收势

右脚向前、向左脚靠拢，并步直立。右掌随即由右耳侧向下按落，掌心朝下，肘略屈并向外撑开，左手握刀不动。目视前方。注意上步和按掌动作要连贯迅速。

第四节　高校武术教育的发展与思考

一、普通高等学校武术教育中存在的问题

(一)学生方面

学生从低年级逐步学习，不断进步，经历各个年级阶段最终

进入高校。而当前我国中小学中，开展体育教学时，传统武术教学的内容相对较少，从而使得大学生武术方面的基础较为薄弱。现阶段，普通高校大学生在武术学习中存在的问题主要有如下几方面。

1. 身体技术

武术是一种逻辑性和系统性较强的运动，如果没有相应的身体基础，就不能将武术更好地掌握。武术学习是一种长期积累的学习，短期内不能一蹴而就。

现阶段，大学生在进入高校之前，基本上都没有接受过系统的武术方面的教育，没有相应的身体素质基础。我国的教育大纲和相应的政策要求增加中小学的武术课时数，但是在实践中，并没有得到有效的落实。

高校在开展武术教学时，并没有对学生的身体素质基础和技能基础进行考察，并没有对其进行区别对待，而是采用一刀切的方法来开展教学。在武术教材方面，与其他体育项目的教材基本相同，并没有突出我国传统武术的民族文化特色。在开展武术教学时，教学方法也相对较为单一，不能有效调动学生的积极性。在教学评价方面，只注重对于学习结果的评价，而不注重对学生学习的过程进行全面评价。

在武术教学中出现的这些问题使得很多学生虽然喜欢我国传统武术，但是对于武术课却缺乏兴趣。学生在上课时，只是为了达到相应的成绩水平，而并没有深入去学习，在课程结束之后，学生所掌握的一些基本技术也被丢掉了一边。

随着我国改革开放的进行，一些现代新兴体育运动项目不断进入我国，人们对于新事物的好奇心较大，这使得我国传统武术的发展受到了一定的挑战。在高校中，学生普遍开展各种类型的球类运动，传统武术健身人群很少。

2. 思想文化

在我国，长期以来具有“重文轻武”的思想，古代的文人可以通过学习“圣贤书”来获取功名利禄，而通过武术技艺来获得功名较困难。所以，我国长期以来，对于传统文化中，对于武术进行的文化探讨相对较少。而现阶段，我国现行教育体制下，学生注重文化知识的学习，而体育课并没有受到应有的重视。

如今，学生对于传统武术的了解是相对有限的，大多数人对于武术的认识来源于影视作品、武侠小说。这些形式的作品大都经过了想象和艺术加工，很少写实。很多作品中有一些神奇的武术，能够让人飞天遁地。在这些作品的影响下，传统武术被蒙上了一层神秘的色彩，学生不能了解武术的真实模样。

在传统武术教学中，武术的功能与想象之间存在着较大的差距，从而打击了学生学习武术的积极性。因此，应积极培养学生对于武术的正确认识，在此基础上开展武术教学。

（二）教师方面

在高校，武术教师是在武术教学的主体，其专业技能水平对于武术教学效果具有重要的影响。现阶段，我国高校传统武术教师在教学中存在如下几方面的问题。

1.技术水平

高校的传统武术教师多来自武术专业的毕业生或是民族传统体育专业的毕业生。这些教师在高校中学习传统武术时，多在进入高校之后才开始接触传统武术，在大学期间掌握多种传统武术的徒手和器械类项目。由于所要学习的传统武术项目较多，这些学生只能对各种武术技术大致了解，而只能熟练掌握一至两项武术技能。从一定程度上来说，武术教师的武术技能水平并不高。

2.理论涵养

武术教师在校期间，其所掌握的理论知识受到学校课程设置的限制，武术理论知识普遍具有局限性，在教学中并不能将武术理论与武术技术实践结合在一起。武术理论知识的相对匮乏难以激发其所教学生对于传统武术学习的积极性。

3.信息技术水平

现代教学中，教学仪器、设备等都实现了现代化发展，以适应教育需求。通过采用新的技术手段，能够使得教师适应社会发展，紧跟时代潮流。然而，在开展武术教学时，武术的信息化水平相对较低，还有较大的发展空间。

二、原因探析

普通高校中，武术教育存在一定的问题，这与武术教育系统具有很大的关系。我国传统武术能够进入高校并成为重要的教学内容，自有其独特的功能和价值。我国传统武术教学受到西方教育思想的影响，但是我国传统武术并没有完善的理论体系，我国的民族特质在武术教学中也没有得到应有的体现。长期以来，我国传统武术在体育教学中长期处于配角的位置。具体而言，我国传统武术教学中存在的问题，其原因有如下两方面。

（一）崇西抑中思想

在近代社会，鸦片战争打开了我国的国门，清政府被迫与西方列强签订了一系列不平等条约，使得我国沦为半殖民地半封建社会。为了救亡图存，社会各阶层都进行了相应的尝试。很多人开始主张向西方学习，增强我国的国力。在现代教育思想的影响下，很多人认为只有彻底推翻传统，才能够进入现代文明社会。因此，在社会上掀起了一股崇西抑中的思想，人们逐渐丧失了对于民族文化的自信。当今社会，虽然有些人注重传统武术在学校中的发展，以增强国民体质，抵抗外来侵略。但是，武术教育并不受重视，西式体育教学成为主流。

在这一思想的影响下，我国的体育教学以西式体育为主。这一教育现状一直延续至今。近年来，随着我国对于传统体育重视程度的不断能提高，传统体育在体育教学中的比重逐渐增加。

(二)重文轻武思想

我国长期以来就有“重文轻武”的思想。这里所提到的“武”并不是单指武术，而是包括各种形式的体育活动，这一西方国家的体育思想形成了鲜明的对比。在古代，我国统治者为了维护统治，很多朝代都禁止民间习武。我国从宋代开始，身体形式的教育一直处在整个教育体系的边缘。

即使是到建国之后，人们对于体育工作也带有一定的偏见，很多人认为体育工作是没有前途的，体育院校的学生甚至都有一定的自责感。即使到现在，人们依然认为只有进行文化学习才是正途，文化学习的地位要明显高于体育运动学习。不仅是学生持有这一观点，家长和教师也都持有这一观点。因此，体育教学长期不被重视，教学效果较差。这一思想导致的结果就是我国大学生体质健康状况的连年下降，肥胖、超重人群不断增多。

三、解决途径

高等院校武术教学存在多方面的问题，这不仅仅是教师和学生的问题。推动武术教学更好地开展，不仅关系到体育教学，更关系到我国传统文化在未来的继承与发展问题。在对传统武术教育思想进行反思时，应立足于我国传统文化和体育教学的发展现状，立足于我国实际，从理论与实践两方面入手，推动我国传统武术教育的开展。具体解决途径如下。

(一)肯定武术教育在人的全面发展方面的重要作用，加强对武术教育的系统研究，充分展现武术教育的中国文化特色

“重文轻武”“崇西抑中”这些思想长期以来对我国传统武术教学产生了严重的影响。应注意以下几方面。

首先，要想促进我国传统武术教学的开展，应积极转变思想观念，充分认识到这些消极的思想观念的危害性。体育教育工作者应积极思考传统武术教学思想、内容和目标等方面的问题，制定切实可行的传统武术教学体系。

其次，教育工作者应充分认识到传统武术是我国的一种独特的身体运动形式，其能够促进我国民族凝聚力的提升，推动民族认同感的培养。

第三，传统武术教学应积极寻找代表性武术项目作为突破口，做到以点带面，推动传统武术教育的发展。例如，以我国的太极拳作为重点，以点带面，推动我国武术教学的发展。

高校武术教育需要理清思路，充分认识传统武术的文化内涵，在具体的身体实践中培养民族情感、弘扬民族精神；认真辨识西方文化的优劣，积极吸收有益于中国文化发展的因素；时刻紧跟时代发展潮流，保持技术和理论发展的前瞻性。

(二)要建立符合时代特点的教育空间

现代社会时信息化社会、网络化社会，在开展武术教学时，应积极推动武术教育与时俱进，通过多种手段来构建与现代社会发展相适应的教育空间。

传统武术教育开展时，学生按照相应的课程规划到相应的场地上开展学习活动。高校中也有一些传统武术社团，能够在一定程度上促进学生的武术学习。这些学习都受到场地、时间等方面的限制。要实现传统武术教学的更好发展，应借助于现代科技，积极促进教育空间的扩大。

在进行传统武术教学时，可以充分利用微信、qq 等即时通信手段来进行沟通，建立公众账号、武术网站等来进行传统武术内容、文化等的交流，多角度、多方位让学生体验到武术文化的独特之处。

第六章　高校民族传统体育之养生功法解析与发展研究

健身气功是我国非常优秀的民族传统体育项目，其动作舒缓、简单易学、对场地和器械要求较低，而且健身效果良好，所以吸引了很多群众参与。但我国练习健身气功的年轻人很少，他们普遍都不了解健身气功，而要想把这一优秀的民族传统文化发扬光大，需要借助年轻人的力量，特别是要借助具有先进知识和优秀创造力的大学生的力量，因而大学生应担负起传承民族历史文化的重担，所以在高校开设健身气功课程非常有必要。本章主要就高校民族传统体育养生的功法练习及发展进行分析与研究。

第一节　民族传统体育养生的练功方法及要求

一、民族传统体育养生的练功方法

（一）动功功法——练功十八法

练功十八法是一套医疗保健操，有利于防治颈、肩、腰、腿痛，其体现了医疗与体育的充分融合。发明这套功法的是庄元明先生，其是在对古代“导引”“五禽戏”“八段锦”等历史文化遗产进行挖掘与整理，对近代著名武术家、伤科医生王子平老先生“祛病延年二十势”功法进行继承的基础上发明的这套功法，经过多年的临床实践，这套功法得到了一定的完善。下面对练功十八法的功法动作进行详细的解析。

1.颈项争力

(1)预备动作：两脚左右分开而立，脚间距离稍比肩宽，双手叉在腰间，注视正前方。

(2)向左转动头部，眼睛往左看。

(3)回到预备动作。

(4)向右转动头部，眼睛向右看。

(5)回到预备动作。

(6)头向上抬，眼睛向上看。

(7)回到预备动作。

(8)头向下低，眼睛向下看。

(9)回到预备动作。

2.左右开弓

(1)预备姿势：两脚左右分开而立，脚间距离稍比肩宽，两臂肘部弯曲，双手虎口呈圆形相对，掌心朝前面，与面部相距 30 厘米左右，眼睛注视正前方。

(2)双手轻握拳并置于身体两侧，拳心朝向前方，小臂垂直地面，同时向左转头，目光随左手动作的变化而移动。

(3)回到预备动作。

(4)动作同(2)，左右方向相反。

(5)回到预备动作。

3.双手伸展

(1)预备姿势：两脚左右分开而立，脚间距离稍比肩宽，两臂肘部弯曲，双手轻握拳并置于身体两侧，眼睛注视正前方。

(2)松拳，两臂垂直上举，掌心朝前面，昂首挺胸，目光随左手动作的变化而移动。

(3)回到预备动作。

(4)动作同(2),左右方向相反。

(5)回到预备动作。

4.开阔胸怀

(1)预备姿势:两脚左右分开而立,脚间距离稍比肩宽,双手手掌在腹前交叉,掌心朝里。

(2)交叉两臂并向上举起,目光随双手动作的变化而移动。

(3)双手翻掌从两侧画弧下落,目光随左手动作的变化而移动。

(4)回到预备动作。

(5)动作同(2)。

(6)动作同(3),目光随右手动作的变化而移动。

(7)回到预备动作。

5.展翅飞翔

(1)预备姿势:两脚左右分开而立,脚间距离稍比肩宽,两臂自然置于身体两侧。

(2)两臂肘部弯曲并向上提,在体后侧做“展翅”姿势,肘的高度在眉之上,手背保持相对,目光随左肘动作的变化而移动。

(3)两肘向下放,在面前双手立掌,掌心保持斜相对,再从体前慢慢向下落。

(4)回到预备动作。

(5)与(2)动作相同。

(6)与(3)动作相同,目光随右肘上提而上移。

(7)回到预备动作。

6.铁臂单提

(1)预备姿势:两脚左右分开而立,脚间距离稍比肩宽,两臂自然落于身体两侧。

(2)左手臂举到头定做托掌状，掌指向后，头抬起，同时右臂内旋，肘部弯曲并向上提，手背与腰背部紧贴。

(3)左手臂从体侧向下移动，再内旋，肘部弯曲并向上提，手背与腰背部紧贴，目光随左手动作的变化而移动。

(4)与(2)动作相同，换右臂动作。

(5)与(3)动作相同，换右臂动作，目光随右手动作的变化而移动。

(6)回到预备动作。

7. 双手托天

(1)预备动作：两脚左右分开而立，脚间距离稍比肩宽，双手十指在下腹前交叉，掌心保持朝上。

(2)向上提两臂直到颈前部后反掌向上托起，昂首挺胸，掌心保持朝上。

(3)头部还原初始动作，眼睛注视正前方，上体在两臂的带动下向左侧屈两次。

(4)两臂分开从身体两侧缓缓向下落，目光随左手动作的变化而移动。

(5)回到预备动作。

(6)～(8)的动作与(2)～(4)动作相同，但左右方向是相反的。

8. 转腰推掌

(1)预备动作：两脚左右分开而立，脚间距离稍比肩宽，双手在腰两侧握拳。

(2)左右立掌前推，同时向右转上体，右肘顶向右侧后方，直至与左臂成一条直线，目光注视右后方向。

(3)回到预备动作。

(4)动作同(2)，左右方向相反。

9.叉腰旋转

(1)预备动作：两脚左右分开而立，脚间距离稍比肩宽，双手叉在腰间。

(2)左右手依次用力推骨盆顺时针旋转一周。

(3)按相同的方式逆时针旋转。

10.展臂弯腰

(1)预备动作：两脚左右分开而立，脚间距离稍比肩宽，两手掌与腹前交叉，掌心朝里。

(2)两臂向前上方举起，昂首、收腹、挺胸。

(3)两臂下移直至侧平举，掌心保持朝上。

(4)双手翻掌，同时屈上体，抬头看向前方。

(5)两臂下落，双手在体前交叉下按，直至触地，抬头望注视前方。

(6)～(9)的动作同(2)～(5)，最后回到预备动作。

11.弓步插掌

(1)预备动作：两脚左右分开而立，脚间距离约等于两倍肩宽，两手在腰侧握拳。

(2)向左转动上体做左弓步动作，右拳变掌后朝前上方插掌，高度与头部齐平，左臂肘部向后引。

(3)回到预备动作。

(4)动作同(2)，左右方向相反。

(5)回到预备动作。

12.双手攀足

(1)预备动作：自然站立，双脚并拢。

(2)十指于腹前交叉并上提两臂，到颈前时翻掌向上托起，眼睛注视掌背。

(3)上体俯身向前屈。

(4)两手掌下按直至触碰到脚背,抬头。

(5)回到预备动作。

(6)～(9)的动作同(2)～(5)。

13. 左右转膝

(1)预备动作:以立正姿势站好,上体俯身向前弯曲,两手将膝盖扶住,伸直膝关节,双眼看向正前方。

(2)两膝弯曲,两手扶在膝盖处,双膝顺时针环绕一周,做1～2个八拍。

(3)双膝逆时针环绕一周,做1～2个八拍。

(4)回到预备动作。

14. 仆步转体

(1)预备动作:两脚左右分开而立,脚间距离约等于两倍肩宽,双手叉在腰间。

(2)做左仆步动作,上体45°左转。

(3)回到预备动作。

(4)动作同(2),只是左右方向是相反的。

(5)回到预备动作。

15. 俯蹲伸腿

(1)预备动作:自然站立,双脚并拢。

(2)上体俯身向前屈,两手扶在膝盖处,伸直两腿,眼睛注视前下方。

(3)两手指尖保持相对,膝部弯曲做全蹲动作,眼睛注视前下方。

(4)双手手掌下按直到触到脚背,两腿伸直,抬头。

(5)回到预备动作。

(6)～(9)的动作同(2)～(5)。

16. 扶膝托掌

(1)预备动作:两脚左右分开而立,脚间距离约等于1.5倍肩宽,两臂在体侧自然下垂。

(2)上体向前弯屈,右手扶在左腿膝盖处。

(3)上体挺直,双腿膝部弯曲成马步,左臂从体前向上举起成托掌,手指向后,眼睛注视掌背。

(4)上体俯身向前屈,伸直两腿,左手扶在右腿膝盖处,与右手交叉。

(5)动作同(3),右手臂上举成托掌姿势。

(6)～(9)动作同(2)～(5),左右方向相反。

17. 胸前抱膝

(1)预备动作:自然站立,双脚并拢。

(2)左脚向前迈一步,重心向左腿移,提起右脚跟,两臂向前上方举起,掌心保持相对,昂首挺胸。

(3)两臂从体侧向下落,同时右膝提起,双手在胸前将右膝紧抱,伸直左腿。

(4)两臂向前上方举起,右腿向后落地,还原同第一动。

(5)回到预备动作。

(6)～(9)的动作同(2)～(5),左右方向相反。

18. 雄关漫步

(1)预备姿势:以立正姿势站好,双手叉在腰间。

(2)左脚向前方迈一步,提起右脚跟,胸部挺起,由左腿支撑身体重心。

(3)右脚跟落下,右膝稍微弯曲,左脚背向上背屈,右腿支撑身体重心。

(4)右脚向前方迈一步,提起左脚跟,胸部挺起,右腿支撑身体重心。

(5)左脚跟落下,左膝稍微弯曲,右脚背向上背屈,左腿支撑身体重心。

(6)右腿支撑身体重心,提起左脚跟,胸部挺起。

(7)左腿支撑身体重心,左膝稍微弯曲,同时右脚背向上背屈。

(8)伸直左腿,右脚向后退一步,右膝稍屈,左脚背向上背屈,右腿支撑身体重心。

(9)回到预备动作。

第二个八拍从右腿向前迈一步开始。

(二)按摩法

1.头部按摩

人体十二经脉阳经都汇集在头部。对头部进行按摩有利于提神醒神、疏经通络,促进人体免疫力和脏腑功能的提高,缓解疲劳。

(1)两掌叠在一起,掌心朝内,在前额处按压,顺时针、逆时针各旋转9～18次。

(2)双手移动到头顶和后脑,找准穴位,顺时针、逆时针各旋转9～18次。

(3)两手掌根分别在太阳穴处按压,顺时针、逆时针各旋转9～18次。

头部按摩可以安神养气,促进阴阳的平衡。有头晕、头痛、感染风寒、神经衰弱等症状的人进行头部按摩可以取得很好的治疗效果。

2.面部按摩

两掌互搓直至发热,按在面部,向上推到头顶后绕耳根下再回到面部,来回按摩,次数以9～18次为宜。

面部按摩有利于促进疲劳的消除,同时具有美容养颜的功效。

3.眼部按摩

(1)双手大拇指(或食指、中指)指腹分别在双眼周围的主要穴位(四白、睛明等)按揉,每个穴位各按9～18次。

(2)双目轻闭,双眼眼球顺时针、逆时针各运转9～18次。

(3)注视前方,凝神望远,坚持半分钟。

(4)双掌互搓直至发热,按在双眼,停留1～3分钟的时间。

眼部按摩有利于促进眼疲劳的缓解和视力的提高,对眼疾问题进行预防。近视眼、青光眼的人可以采用眼部按摩方法来缓解症状。

4.耳部按摩

(1)双手中指指腹在两耳的耳门穴处上下摩擦9～18次。

(2)用拇指指腹和食指桡侧面将耳轮上部捏住,从上到下依次摩运,到耳垂时,用力向下拉,重复次数以9～18次为宜。

(3)双手掌心在两耳孔处按住,指尖向后,中指放在头后,食指从中指上滑下弹击后脑枕部9～18次,作“鸣天鼓”状,使耳中听到类似于击鼓的“咚咚”声。

耳部按摩有利于提高智力,对耳聋、耳鸣、头昏等症具有预防的功效。

5.鼻部按摩

双手中指指腹按在鼻梁两侧,向鼻根部上推,然后向迎香穴下按,来回9～18次。

鼻部按摩有利于促进上呼吸道抵抗力的提高,对感冒和鼻炎等病症进行预防。

6.齿部按摩

(1)上下牙叩击,门牙、磨牙先后各9～18次。

(2)左手或右手食指桡侧在嘴唇外侧按住,做刷牙的动作,在齿根部左右按摩,先上后下,次数以9～18次为宜。

齿部按摩有利于安神,集中注意力,使牙齿更坚固,对牙疾、掉牙问题进行预防。

7.舌部按摩

(1)搅海

舌前部在牙齿内外运转,上下各9～18次,然后前后9～18次。

(2)咽津

分三次将口腔内的津液慢慢咽下。

舌部按摩有利于促进消化功能的增强,对口腔疾病进行预防。有消化不良,口臭等症的人适合进行舌部按摩。

8.四肢按摩

(1)手臂按摩

两掌互搓直至发热,然后左手在右手臂上沿手臂内侧从肩部向腕部摩擦,然后沿手臂外侧从腕部向肩部摩擦,来回按9～18次之后右手按同样的方法与次数按摩左臂。

浴臂有利于疏经活络,对风湿痹痛症状进行防治。

(2)腿部按摩

双手互搓直至发热,双手分别放在左腿大腿外侧和大腿内侧,然后从大腿根部开始朝脚踝上下按摩,来回按9～18次后按同样的方法与次数按摩右腿。

腿部按摩有利于促进经气的顺利流通,对下肢的血液循环进行改善,促进腿部肌肉疲劳的恢复,增强腿部骨骼力量。

(3)脚部按摩

双手互搓直至发热,左手掌心擦摩右脚涌泉穴,擦摩36次后右掌擦摩左脚。

脚部按摩有利于对耳鸣、失眠、头痛等症进行预防与治疗。

9.躯干按摩

(1)颈部按摩

十指交叉,掌心从后脑部开始向大椎穴擦按,上下、左右分别摩项 9～18 次。

摩项有利于降血压,对颈椎骨质增生进行防治,促进脑部血液循环的改善。

(2)胸部按摩

两掌相叠,掌心在胸部轻按,顺时针、逆时针方向各转圈按摩 9～18 次,按摩时注意呼吸的配合,从下往上旋转时吸气,反之呼气。

胸部按摩有利于促进肺部的健康,缓解心里积郁。

(3)腰部按摩

双手互搓直至发热,双手掌根部在腰后肾俞穴处上下擦摩,次数以 9～18 次为宜。

腰部按摩有利于促进肾功能的增强和腰部的健康,有腰肌劳损症状的人需加大按摩力度。

(4)腹部按摩

两掌相叠,掌心在腹部轻按,绕脐顺时针、逆时针转圈按摩,不同方向的按摩次数都以 9～18 次为宜,按摩过程中注意呼吸的配合,从下向上按时吸气,反之则呼气。

腹部按摩有利于脾胃的健康,促进消化,治疗便秘、腹痛等症状,可根据具体情况选择不同方向的按摩。

二、民族传统体育养生的练功要求

在民族传统体育养生功法练习中,需要掌握一定的练功要求,这有利于消除不必要的疑虑,避免不良反应,促进练功质量的提高,并取得良好的练功效果。一般来说,练功者在练功过程中需要做到以下几方面的要求。

(一)身体松静自然

在民族传统体育养生功法的锻炼中,练功者必须做到松静自然,也就是要放松身体,保持安定的情绪,而且在练功的整个过程中都应保持这种状态,如果紧张,心存杂念,就无法取得好的锻炼效果。下面详细解释松静自然的含义。

1. 松

自然与社会是人们生活的大环境,因此人体很容易受到各种内外因素的干扰,受到干扰后,身心处于紧张状态,长期如此就可能致病。所以,在功法练习过程中,练功者要解除紧张状态,放松全身的肌肉,同时精神意识也应保持放松。

2. 静

静是安静的意思,即练功者在功法锻炼过程中需排除杂念,情绪保持安静,只保留单一的思维活动,这有利于神经系统功能的调整与改善,同时有利于促进全身各组织器官的机能的增强。

3. 自然

在民族传统体育功法锻炼中,不管做什么动作,都应自然舒适的完成,在做动作时要集中意念,自然呼吸,避免只吸不呼,或用力过度。但练功者刚开始锻炼时很难达到这一要求,所以起初有不自然的状态是正常的,经过一段时间的练习后需达到自然状态。

(二)练与养相结合

练与养,是练功过程中两种不同的状态。“练”是指在练功时,有意识地调整身体、放松身体、调整呼吸、集中注意力、排除杂念等一系列的过程。“养”是指经过上述一系列有意识地锻炼以后,所出现的身体轻松舒适,呼吸柔和绵绵,意识虚无,呈恍兮惚兮的无心自然状态。练养结合的另一种含义，是把练功同合理的休养结合起来。

(三)意气合一

意气合一中的“意”指的是意念，“气”指的是呼吸，意气合一就是指意念活动和呼吸要协调配合好。在民族传统体育功法锻炼中伴随着一定的意念活动，正确的意念活动具有以意领气，以气运身，调整生理功能的功效。

在气功锻炼过程中，气是随意念而运行的，但并不是所有人都能感觉到这点，主要是由于不同的练功者其体内经络感传现象是有差异的。有的练功者经络传感敏感，有的则比较迟钝。在练功时，局部痒、胀、酸、麻、沉等症状是常见的，这是正常的，所以要理性对待，避免在感觉上集中全部的注意力，应做到意到气到，意气合一的练功要求。

(四)充分发挥身体的主观能动性

民族传统体育养生运动是修身养性的自然功法运动，练功者需将自身的主观能动性充分发挥出来。初学者首先要认真掌握功法的科学作用和价值，以此为基础对与自己身体特点相符合的功法进行选择，并按一定的程序循序渐进地练习。开始时主要是练基本功，然后学一些简单动作，慢慢学习比较难的动作，要始终坚信只有坚持不懈才能取得效果。

在功法锻炼过程中，需先对基本姿势和呼吸方法进行掌握，等能够自然熟练地完成姿势，并可以按照要求进行呼吸后，需配合一定的意念活动。这样练起来就比较轻松了。不管是学习什么功法，都需要经历一个循序渐进的过程，先从认识开始，然后深入了解，最后熟练自然地完成功法动作，只有坚持到最后，才能清楚地看到练功的良好效应。

传统体育功法练习最忌讳急于求成，只有在一定的功夫基础上才能看到功效。每个练功者的体质、天赋都是不同的，所以并不能在同一时间看到效果，有先后差异，但不管什么时候可以见效，练功者都要不断坚持，不要半途而废。在安排练功时间时，先短后长，逐渐增加，急功近利会造成不良的后果。

第二节　五禽戏功法解析与发展

一、五禽戏功法解析

（一）猿功

（1）预备姿势：双脚并拢而立，均匀呼吸，集中精神，放松肢体，保持一分钟后开始进行呼吸运动。

（2）运动时，双手中指尖相触置于小腹下，掌心朝上，呼吸一次。双手向肚脐处移动，但不触脐，移动到位后，呼吸一次。

（3）两手向小腹下移动，然后向前方举起。

（4）目光随指尖的移动而转动，伸直两肘，手心朝下。双手放下至小腹下，然后再次上移到肚脐的位置，两手分别置于左右肋处，肘部正直向后。

（5）接上式，两脚分开而立，伸直双膝，两手侧平举。

（6）两手平行相交于体前。两手背反转向下，手变拳（轻握即可）。

（7）迅速缩回两拳，并置于两肋处，手不触碰肋。

（8）最后收回双脚，身体保持正直，两掌收到胸前位置。

（9）两拳绕到背后，指尖朝下（图 6-1）。

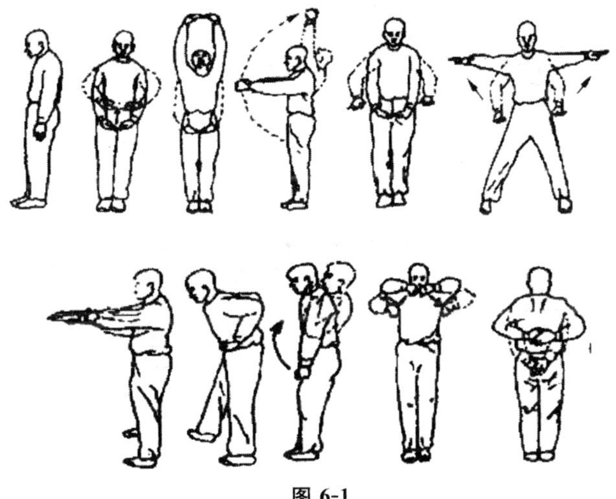

图 6-1

(二)鹿功

(1)预备姿势:自然直立,双脚以肩宽距离左右分开,脚尖稍微朝内,伸直脊背,微挺小腹,前倾头,双手中指尖于肚脐处触碰,掌心朝上,注意手与肚脐不触碰,呼吸一次。

(2)向胸部上抬双手,但不触胸,呼吸一次。

(3)双手变合掌并上伸到头顶,伸直两肘,向后仰头。双掌正直下移到胸部,同时呼气。

(4)两掌置于两侧肩胛之际,掌心朝前,指尖向上。保持这个姿势连续呼吸五次。

(5)双手侧平举,手心朝下。然后在体前相交而覆,同时吸气。

(6)吸气毕,双手掌变拳,并拢两脚。

(7)两拳向后方腰眼中间移动,左拳在上,右拳在下,拳背与背脊紧贴,同时呼气。保持这个姿势呼吸九次。

(8)慢慢将两拳提到腋窝处,直至两肘与肩平,同时吸气。

(9)双手向两肋移动,拳为掌,同时呼气。然后两掌从腋窝处向后背移动,移到腰眼中间时重叠交叉两掌,直插尾闾(图 6-2)。

图 6-2

(三)虎功

(1)并足而立,用左脚跟抵右脚弓,呈"丁"字形站立。十指于胸前交叉,掌心朝上,双手从右髋骨处绕脐慢慢移到左髋骨。双手与髋骨不碰触。

(2)两手向胸部上移,呼吸一次。

(3)两手一面上移,一面翻手,掌心朝下,同时吸气,上举双手到头处,然后从左向右移,目随手动。

(4)上述姿势微停,双手再从右向左移,目随手动。

(5)双手从头向下移动到膝处,掌心朝下,同时屈膝下蹲,抬起左脚跟,双足仍成"丁"字形,右脚支撑身体重心。

(6)两手不停,绕到右膝处。

(7)双手不停绕到左膝,上体同时左转,移动时吸气。

(8)左臂伸直并向后画半圆,手臂触耳,手心朝前,指尖朝上。右臂肘部于肋际弯曲,掌心朝下,注意呼气。

(9)右臂向前方伸展,手指尖下平掌与肩齐,再尽量向后方平行移动,同时转动身体。

(10)双掌为拳,右手拳心朝上,左手拳心朝下平引返前,拳同肩齐高,臂与耳相靠,右拳放在右肋处,同时呼气。

(11)左拳下按并迅速收回与右拳相触。

(12)身体直立,两拳移至胸前且与两肘成一条直线,同时吸气。

(13)两拳从肋部向背后绕动,同时呼气,慢慢分开手指,向下直插(图 6-3)。

图 6-3

(四)熊功

(1)熊功功法姿势与虎功相同,刚开始时,仍以相叉两手心反转向下做拱手状上伸。

(2)放下双手,斜绕到胸部,双手合掌,左手上,右手下,右肩右腰朝后面扭转。保持这个姿势连续呼吸五次。

(3)双手向小腹部下移,移动到位后,向上伸展左手,手心朝内,力向后拗,右臂于肋际屈肘,手心朝前,伸直手指并使其朝下,保持这个姿势连续呼吸九次。

(4)双手握拳向胸部移动,拳与肘呈一条直线,同时呼气。

(5)两拳绕到背后,指尖朝下(图 6-4)。

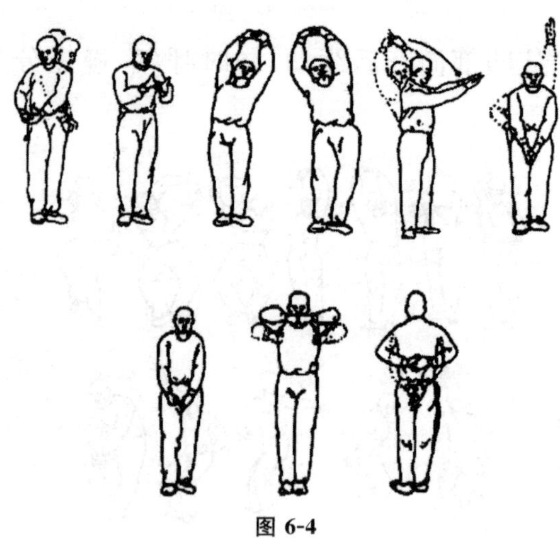

图 6-4

(五)鹤功

(1)双脚左右分开,屈膝,挺直背脊。双手与肚脐处十指交叉,手心朝上。

(2)双手向胸部移动,呼吸一次。

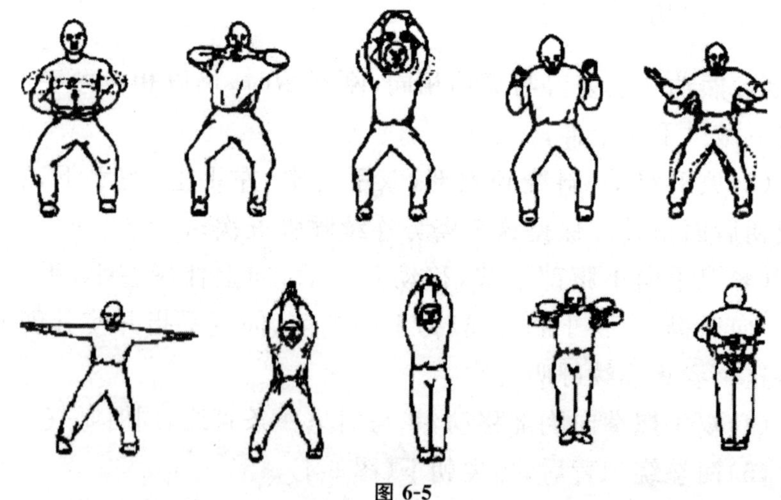

图 6-5

(3)双手向外翻转同时向上伸臂,注意吸气,伸到头顶后呼气,保持这个姿势连续呼吸五次。

(4)双手握拳分别置于两肋,手指与肩保持齐平,保持这个姿势连续呼吸九次。

(5)伸直双腿，双手拳变掌向两侧举起，掌心朝上，保持这个姿势连续呼吸五次。

(6)同时收回手脚，手握拳置于胸前。后面动作与猿功结束动作相同(图6-5)。

二、高校中五禽戏的发展

五禽戏是中等强度的有氧运动，对广大群体而言是有效的健身手段。将这一健身气功项目引入高校教育中，有利于对中国传统文化的继承与弘扬，有利于促进广大学生身体健康水平的提高，也有利于对更加合格的高素质人才进行培养。但是，当前我国练习五禽戏的群体以中老年人为主，学生参与这项运动的现象比较少见，大部分学生在课堂上学习之后就不会在课余时间练习了。为促进健身气功五禽戏在高校的进一步发展，提出以下几点建议。

(一)广泛宣传五禽戏

五禽戏是我国国家级的非物质文化遗产，学校是继承民族文化遗产的主要阵地，因此要采取多种途径来宣传五禽戏的养生文化、功法功效和流派风格，以此来促进学生对五禽戏的了解，使学生在学练五禽戏的过程中意识到自己需要承担起传承中国民族传统体育文化的重任。责任感较强的大学生会主动参与五禽戏功法练习，并向其他同学推荐这一功法项目，这样五禽戏在高校中就会受到越来越多的学生的关注。

(二)对有效的教学方法进行探索

在高校五禽戏教学中，教师需从医疗体育的特点出发对新的教学方法进行探索，以此来促进教学效果的提高。在五禽戏教学中，运用内省法组织教学，可以使学生浮躁的心平静下来，使学生能够进一步正确认识自己,使学生在练习五禽戏的过程中学会对自己的心态进行调节,达到“天人合一”的理想境界,这才是练功者应该达到的状态。有学者主张在五禽戏教学中分别解释五禽戏的形、神、意、气的含义,然后整合这些含义,并将其作为主要教学环节中的讲解内容。这样学生就会对五禽戏中“形、神、意、气”的内涵和真谛有一个深入的体会,就会感知五禽戏中所蕴含的传统文化,这样其学习兴趣才会提高,学习的积极性才会增强。

在五禽戏教学中,教师要特别注意对直观教学方法的采用,正确运用这一教学方法有利于促进高校五禽戏教学质量的提高。

(三)实现资源共享

高校在开展五禽戏功法教学的过程中,应加强与民间五禽戏传承者的沟通与交流,对相应的配套制度与政策进行制定,对五禽戏师资交流的封闭局面进行改革,将高水平的民间大师引入高校中,以此来对专业教师不足、师资力量薄弱的问题进行处理。此外,还应促进师资交流机制的完善,加强高校间五禽戏师资的交流与相互学习,共享有限的师资。

第三节　六字诀功法解析与发展

一、六字诀功法解析

(一)“嘘”字诀

(1)两手叠在一起,右手在外,左手在内(女性相反,下同)。内外劳宫穴保持相对的姿势。

(2)以鱼际穴将肚脐压住,劳宫穴对丹田。

(3)呼气时口吐“嘘”字,尽量睁大双眼,内视肝区。把气呼尽后吸气。

按照同样的方法反复练习6次。

(二)"呵"字诀

(1)两臂自然从体侧前抬起,肩部放松,肘部下沉,腕部保持自然状态,掌心朝下。

(2)翻掌使掌心朝上,呼气同时口吐"呵"字音。

(3)双手向胸前划弧,然后慢慢下按到腹部,将气呼尽,恢复预备姿势,缓缓吸气。

上述动作重复做6次。

(三)"呼"字诀

(1)吸气,两手放在腹前,手心朝上,

(2)右手向胸前上提,到胸前后并翻掌,掌心朝外,读"呼"字音。

(3)向上托右手,同时左手翻掌按到身体左侧,掌心朝下,把气呼尽。

(4)吸气,右手翻掌,掌心朝内,慢慢放下右臂。

(5)上举左手,双手交叉于胸前,左手在内,右手在外。

(6)向上托左手,右手下按,读"呼"字音。

按照上述方法连呼6次。

(四)"呬"字诀

(1)两臂放在腹前,双手在膻中穴的位置做"捧物状"动作。

(2)双手翻掌并向侧前方推掌,同时口读"呬"字音。

(3)将气呼尽,两臂落于身体两侧。

上述动作重复做6次。

(五)"吹"字诀

(1)自然向上抬两臂,在胸前做环抱状,双手虎口撑圆,指尖相对。

(2)呼气,读“吹”字音,同时身体向下蹲,两臂以抱球状自然向下移动,上体正直,足趾抓地,膝盖垂直于足尖,下蹲的深度以保持提肛不松为宜。

(3)吸气,同时起身,恢复起始姿势。

上述动作重复6次。

(六)“嘻”字诀

(1)双手上托到膻中穴的位置,呼气,同时读“嘻”字音。

(2)双手翻掌向上托,把气呼尽,旋转两臂,掌心朝里。

(3)吸气,两臂沿胸前向下移动到小腹位置,

(4)慢慢恢复到预备动作姿势。

上述动作反复做6次。

二、高校中六字诀的发展

(一)对实践课与理论课的课时数进行合理安排

六字诀是在我国传统文化背景中孕育和发展起来的,其文化内涵丰富,学生只有对六字诀的文化历史与内涵有了一定程度的了解,才能更好地参与实践练习。但当前我国开展健身气功课程的高校普遍对理论教学不重视,一味强调实践练习,学生在毫无理论基础的条件下练习这一功法是难以取得良好效果的,这就影响了六字诀在高校了发展与传播。因此在高校中开展六字诀课程教学时,需要先安排一定的理论课,这样才能使学生在掌握六字诀文化的基础上练习功法动作。

(二)提供安静的练习环境

六字诀这套健身功法充分结合了身体活动、呼吸吐纳和心理调节相结合,只有将各方面的活动结合起来,才能达到整体健康

与和谐的目的。练习六字诀要求静心用意，及时调整情绪，身心保持平衡状态，因此高校应对一些安静的练习场所进行专门的规划，只有在安静的环境中练习，学生才能免受干扰，才能全身心投入其中，也才能取得理想的练习效果。

(三)加强对师资队伍的科学建设

高校六字诀教学中，教师的专业能力会直接影响教学效果，因此高校应通过讲座、培训等形式加强对六字诀授课教师的培训，促进其导引养生理论水平和动作技术水平的提高。教师一定要注意不断扩大自己的知识储备，对教学方法进行改进。只有这样才能在六字诀教学中充分发挥自己的主导作用，取得理想的教学效果。

第四节　易筋经功法解析与发展

一、易筋经功法解析

(一)第一式——拱手当胸

(1)并步自然站立，注视前方。

(2)左脚向左一步移动，两臂前平举。

(3)屈膝下蹲，同时屈肘，两掌合拢于胸前(图 6-6)。

图 6-6

(二)第二式——两臂横担

两臂侧平举,掌心朝上(图 6-7)。

图 6-7

(三)第三式——掌托天门

(1)屈肘,掌心靠向耳旁。

(2)两腿站直,提脚跟。同时将两掌上托到头顶前上方,两臂伸直(图 6-8)。

(3)双手自然落于体侧,脚跟慢慢着地。

图 6-8

(四)第四式——摘星换斗

以右摘星换斗势为例(图 6-9)。

(1)双手成拳状,两臂侧上举。拳变掌,向前下方直视。

(2)左转身体,弯曲膝盖。右臂向上举起做“摘星”姿势。

(3)直膝转体。右手向头顶右上方摆;左手背与命门轻轻贴住。

(4)保持片刻,两臂自然落下。

图 6-9

(五)第六式——倒拽九牛尾

动作如图 6-10 所示。

(1)做好右弓步准备动作,左手内旋伸直并握拳;右手举到与肩齐高时握拳。

(2)重心后移,左腿膝部弯曲,向右转腰。

(3)重心前移,做弓步动作。左转腰部,两臂一前一后伸展。

重复 3 遍(2)(3)动作。

(4)双脚恢复自然开立姿势,两臂收回到身体两侧。

图 6-10

(六)第五式——出爪亮翅

动作如图 6-11 所示。

(1)左右臂侧平举,两掌于体前怀抱,随后两手变柳叶掌。

(2)扩胸松肩,两臂前伸,掌心慢慢朝前,成荷叶掌。

(3)放松手腕,弯曲肘部,收臂,成柳叶掌。

重复 3～7 遍(2)(3)的动作。

图 6-11

(七)第七式——九鬼拔马刀

动作如图 6-12 所示。

(1)上体右转。左右手分别向前、后方向伸展。上体左转,右肘向左绕头半圈;左手摆向头左后方。向右转头。

(2)上体右转,扩胸展臂。

(3)屈膝左转体,收回右臂,含胸;尽可能向上推左手。

重复 3 遍(2)(3)的动作。

(4)直膝转体,双臂自然侧平举。

图 6-12

(八)第八式——三盘落地

动作如图 6-13 所示。

(1)双脚开立,屈膝下坐,屈肘,两掌下压。

(2)双臂侧平举。身体慢慢直立。

重复 3 遍(1)(2)的动作。第 1、2、3 遍分别为微蹲、半蹲和全蹲。

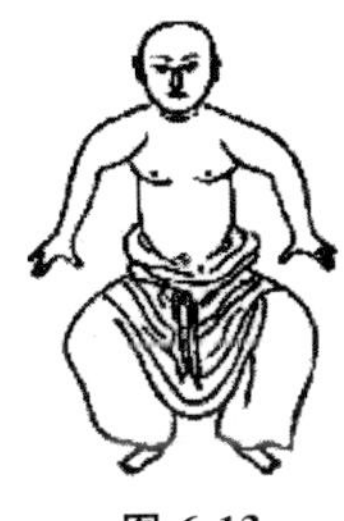

图 6-13

(九)第九式——青龙探爪

以右青龙探爪为例(图 6-14)。

(1)双脚开立。两手握拳于腰间。右拳变掌伸直并外展。

(2)右掌成“龙爪”,平直伸向左前方,躯干 90°左转。

(3)“右爪”变掌,屈体下按右掌,直至到达左脚外侧。从左向右转体。

(4)挺身直立。

图 6-14

(十)第十式——卧虎扑食

以左卧虎扑食为例。

(1)右脚尖内扣,左脚收回。身体 90°左转,两手于腰间握拳。

(2)左脚前移,两拳变“虎爪”向前扑按。

(3)从腰到胸部逐节屈伸躯干,两手同时绕环一周。然后上体下俯,两手撑地。后腿屈膝,挺胸、抬头、瞪目。

(4)起身,两手在腰间握固。向右 180°转体,以丁步姿势站立。

右卧虎扑食动作同左卧虎扑食势,方向相反(图 6-15)。

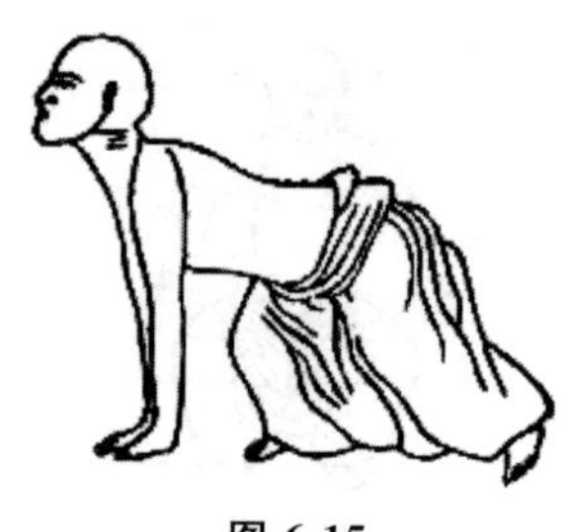

图 6-15

(十一)第十一式——打躬势

(1)左脚向左迈三脚宽的距离,屈膝成马步。两臂向头顶上举,然后下移屈肘抱在脑后。

(2)上体前俯,胸与大腿贴近,头向下低。两腿伸直,双手食指、中指、无名指在脑后交替轻弹数次(图 6-16)。

(3)起身,屈膝成马步。两手在脑后十指交叉。

重复 3 遍(2)(3)动作。

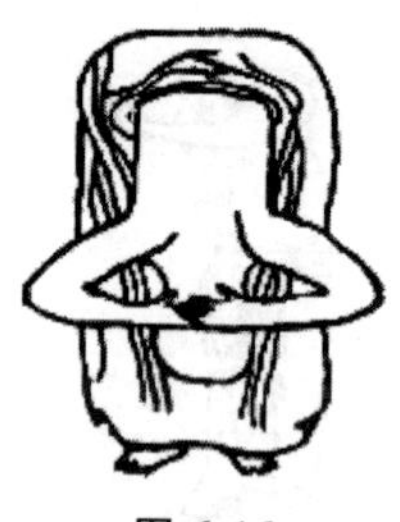

图 6-16

(十二)第十二式——掉尾势

(1)双手展臂前伸,十指交叉,翻掌前伸。俯身抬头,双手下按(图 6-17)。

(2)向左后方向转动头部,向左前方向扭臀。

(3)还原体前屈。

(4)向相反的方向转头、扭臀。

(5)还原体前屈。

重复 3 遍(2)～(5)的动作。

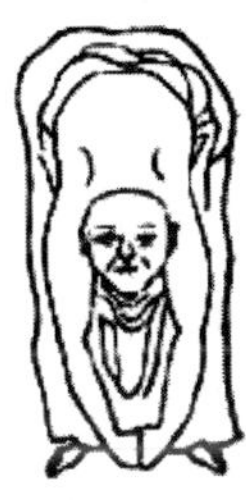

图 6-17

二、高校中易筋经的发展

易筋经是我国优秀的民族传统体育养生项目，其内容及文化内涵丰富，形式多样，健身健心功能突出，对大学生身心影响有非常重要的影响。在高校中开展易筋经课程有利于传承与保护民族传统文化，促进大学生身心健康发展，推动全民健身的发展与和谐社会的构建。下面主要就易筋经在高校中的发展路径进行分析。

(一)将易筋经纳入高校体育课程

通过制定相关政策法规，举办大型表演活动，开展讲座、培训等途径向教育主管部门宣传易筋经在健身、文化及社会方面的功能与价值。当今社会发展极快，大学生面临的学习与就业压力越来越大，因而身心总会出现一些不良的症状。健身气功·易筋经具有“调身、调心、调息”的功能，因此可以促进大学生大脑疲劳的缓解，情绪的调整和身体的调理。教育管理者只有真正认识到易筋经对大学生的价值与作用，才会将其重视起来，在高校体育教学中引进这一项目，开展这一课程，并构建健身气功教学体系。学校体育部门应在体育教育课程体系中纳入易筋经课程，并以不同类院校和学生的专业特点为依据对合理有效的课程方案进行制定，使大学生都能够在这一课程中获益。

(二)培养优秀的易筋经师资队伍

易筋经专业教师是高校中推广易筋经运动的主要力量,因此高校应注重对健身气功师资的培训,积极开展培训班和讲座班,促进专业教师执教能力的提高。学校可从民间聘请相关专家与大师来校指导,也可以选派教师去参加更系统的专业培训,充分结合引进来和走出去的方式来提高培训效果。

在构建师资队伍时,要注意师资队伍在年龄结合、学历结构、职称结构等方面的合理性,培养数量足与质量优的师资,对教师的职后继续教育与学习应积极鼓励与支持,充分发挥高素质专业教师在易筋经教学中的价值。

(三)合理编写易筋经课程教材

高校中开展易筋经课程教学离不开专业的易筋经教材,因此教育部门和相关协会领导应组织健身气功方面的专家、学者、教师来编写教材,促进易筋经理论和技术体系的完善。在编写教材内容时,要坚持科学性、普及性、系统性及教育性的原则,并穿插一些图片,附有音像资料,以此来吸引学生的注意力,提高学生的学练兴趣。

高校体育主管部门要对易筋经分年级的教学大纲和教学方法进行科学设置,在技术动作的教学上要加强创新,以此来提高易筋经的教学效果。

第五节　马王堆导引术功法解析与发展

一、马王堆导引术功法解析

当前,我国有记载的最早的古代导引图是 20 世纪 70 年代在湖南长沙马王堆汉墓发掘的导引图，在该图的基础上，有关人员参考了大量的文献，编制出了马王堆导引术。下面对马王堆导引术的功法动作进行详细解析。

（一）胎思

（1）预备动作：双脚左右开立，两臂自然在体侧下垂，放松身体，身心维持舒适状态。

（2）有意识地呼吸，呼吸讲究深、长、匀、细，逐渐减慢鼻息，感觉鼻息若有若无。

（3）想象肚脐在呼吸吐纳。

（二）凫浴

（1）预备动作：双脚并拢而立，两臂自然置于体侧，双眼直视前方，微收下颌，放松身体。

（2）向右摆动两臂，膝部弯曲做半蹲姿势，向左转头，向左顶髋关节。

（3）起身，向左摆动两臂，膝部弯曲向下半蹲，向右转头，向右顶髋关节。

（三）燕息

（1）预备动作：两脚分开，脚间距离比肩宽小。

（2）缓缓起势，随之上抬脚跟，吸气。

（3）两手向下移动，重心同时下移，稍屈双膝，脚跟着地，意念在大脚趾，呼气。

（四）挽弓

（1）预备动作：双脚分开而立，肘部在胸前弯曲，两手掌心保持相对。

（2）向左转动身体，向前伸展左臂，右臂肘部弯曲并向后拉，右手在靠近腮边的位置成挽弓式，以脚跟为轴向左旋转双脚脚尖，直至成一直线，同时配合吸气。

(3)回到预备动作，同时呼气。

(4)向右转身体，向前伸展右臂，左臂肘部弯曲并向后拉，左手在靠近腮边的位置成挽弓式，以脚跟为轴向右旋转双脚脚尖，直至成一直线，同时配合吸气。

(5)回到预备动作，同时呼气。

(五)鹞北

(1)预备动作：自然站立，双脚并拢，两臂自左右两侧平举，手心朝上。

(2)慢慢向右转身体，头同时右转，吸气。

(3)回到预备动作，呼气。

(4)慢慢向左转身体，头同时左转，吸气。

(5)回到预备动作，呼气。

(六)引头风

(1)预备动作：自然站立，双脚并拢，两臂自左右两侧平举，手心朝上。

(2)慢慢上举右臂，左臂相应下落，向右挺右髋，两臂成一字形，目光注视右手。

(3)回到预备动作。

(4)慢慢上举左臂，右臂相应下落，向左挺左髋，两臂成一字形，目光注视左手。

(5)回到预备动作。

(七)燕飞

(1)预备动作：双脚左右开立，两臂在体前屈肘交叉，手心朝里。

(2)右手举到右上方，掌心朝外，掌指朝上；左手下落到左下方，同样是掌心朝外，但掌指朝下。左脚移动成左丁步姿势，向右侧顶胯。

(3)回到预备动作。

(4)左手举到左上方,掌心朝外,掌指朝上;右手下落到右下方,同样是掌心朝外,但掌指朝下。右脚移动成右丁步姿势,向左侧顶胯。

(5)回到预备动作。

(八)引腹中

(1)预备动作:自然站立,双脚并拢,两臂自左右两侧平举,手心朝上。

(2)左右手分别做内旋、外旋的动作,向左移动髋部。

(3)回到预备动作。

(4)左右手分别做外旋、内旋的动作,向右移动髋部。

(5)回到预备动作。

(九)引背痛

(1)预备动作:双脚左右开立,两臂自然下垂。

(2)提起脚跟,向上拱背,眼睛注视脚尖。

(3)回到预备动作。

(4)与(2)相同。

(5)回到预备动作。

(十)沐猴獾引热中

(1)预备动作:双脚左右开立,两臂自然下垂。

(2)稍屈双膝,两臂微握拳屈于体前。

(3)气沉丹田,鼓腹呼气,握紧两拳;然后收腹吸气,放松两拳。

(十一)龙登

(1)预备动作:自然站立,双脚并拢,两臂在身体两侧自然下垂，眼睛注视正前方，放松全身。

(2)屈膝下蹲，双手掌心于胸前相对，慢慢呼气。

(3)向上伸展两臂，同时提踵、吸气。

(十二)仰呼

(1)预备动作：双脚左右开立，两臂自然下垂，放松身体，微收下颌，眼睛注视前方。

(2)向前平举两臂，掌心保持相对，含胸鼓腹，吸气。

(3)向上举起两臂，然后从头顶尽量向后伸展，同时快速呼气。

二、高校中马王堆导引术的发展

近年来，我国一些高校为了丰富体育课程内容，培养学生的健身意识，传承民族传统文化，对健身气功·马王堆导引术课程进行了设置，但调查发现，马王堆导引术在高校的发展并不容乐观，这与学校宣传力度小、教师自身水平有限等因素有关。为促进高校马王堆导引术的发展，需做好以下几方面的工作。

(一)转变教师的观念

高校开展马王堆导引术教学，首先要转变教师观念。新生刚进入大学时，身体素质大都是不达标的，倘若体育教师一味强调大运动量和高负荷的运动训练，无异于拔苗助长，而且会危害学生的安全与健康。学生身体素质的改善是一个循序渐进的过程，需先参与中等强度、小负荷的体育项目来锻炼，然后逐渐参加高强度的运动。健身气功·马王堆导引术的动作强度较小，运动负荷也不大，非常适合初步改善身体素质的学生。教师只有认识到这一点，才会根据学生的实际情况来为其安排健身气功锻炼内容，而不是开始就让学生参加高强度的训练。

(二)培训教师,统一教学要求

体育教师虽然都有一定的运动基础,但要从事专项健身气功教学是比较难的,教师如果以应付的态度进行不专业的教学,就会误人子弟。因此,开展马王堆导引术课程教学,需先对一批专业的教师进行培训,培训合格者才可上岗。只有教师具备了专业条件与素质,才能在教学过程中站在专业的角度编制教学大纲、教学计划,合理安排教学内容,科学选用教学方法,从而提高教学效果。

此外,在马王堆导引术教学中,要注意对教学要求与行为的规范与统一,同时要统一教学思想和教学目标,明确课程的发展方向,促进教学目标的顺利实现。

(三)优化教学环境,提高教学质量

健身气功·马王堆导引术这一功法运动对练功场所的要求主要就是安静。对于初学者来说,安静的环境很重要。在室内练习时,需选择宽敞明亮且空气流通良好的屋子;在室外练习时,空气新鲜的地方(草坪、树林等)是首选。因此,高校应为学生安排安静、采光和通风好的室内教室来开展教学,并购买专业的扩音设备系统,以促进教学质量的提高。

第七章　高校民族传统体育之球类项目技能解析与发展研究

民族传统体育包含的项目有很多，其中，球类项目是较为重要的一个部分，而球类项目又包含丰富的内容。本章主要对蹴球、毽球、木球以及珍珠球这几个较为典型的民族传统体育球类项目的技能习练和发展进行解析，以此来对这几个球类项目有更加深入的了解和认识，并且使学生通过技能学习，激发他们参与民族传统体育的兴趣和积极性，为高校民族传统体育的进一步普及和发展奠定良好基础。

第一节　蹴球项目技能习练与发展

一、蹴球项目技能习练

（一）蹴正撞球技术

1.蹴正撞球技术动作解析

以左（右）脚为支撑脚，支撑在球侧后方 20 厘米处，脚尖外展，与出球方向成 45°角，膝微屈；以右（左）脚跟在球正后方 15 厘米处着地，脚掌前部在球上方距球 2 厘米左右，脚瞄准进攻方向后（使脚的中轴线、本球中心、目标中心成一直线），则以脚掌轻轻压住球，不能使球发生任何移动，压紧后眼睛正视进攻目标，凝神静气、以蹴球腿髂腰肌、股直肌等用力收缩使髋关节屈，做用大腿向前上方抬腿的动作，同时通过脚前掌用力向前蹴动，使球上旋向前滚动朝进攻目标奔去。

2. 蹴正撞球技术习练方法

(1)球感练习。用左(右)脚掌前后反复搓球，从而使脚掌对球的感觉和控制能力得到提高，踝关节的力量和灵活性有所增强。按照上述方法反复进行习练。

(2)向前蹴球练习。一人一球，按蹴球技术正面向前蹴球，使球向前直线滚动，体会支撑腿站位和蹴球腿的脚掌用力以及大小腿、上身的协调配合。按照上述方法反复进行习练。

(3)以直线为参照物练习。将球放在直线上，要求蹴出的球沿直线向前滚动，对蹴球腿的用力和用力方向加以体会。按照上述方法反复进行习练。

(4)近距离击打目标球准确性练习。距离由近到远，一般为2～5米。按照上述方法反复进行习练。

(5)中距离击打目标球准确性练习。距离一般为 5～7 米。按照上述方法反复进行习练。

(6)远距离击打目标球准确性练习。距离一般为 7～10 米。按照上述方法反复进行习练。

(7)对角斜线上击打准确性练习。将本球和目标球放置在场地的对角线上，由近至远的击打练习。按照上述方法反复进行习练。

(8)多角度方向练习。将本球和目标球放置场内至边线构成任意角度的位置上，进行击打练习。按照上述方法反复进行习练。

(9)将目标球放置成扇形状的一条弧线上，将本球固定在一个点上，用本球依次击打扇面上的目标球，提高击打各种角度斜线球的能力。按照上述方法反复进行习练。

(二)蹴侧撞球技术

1.蹴侧撞球技术动作解析

支撑脚和最后用力的动作要领同蹴正撞球,唯要用本球的球心瞄准目标球的一侧边缘,使蹴球脚跟中心点、脚的中轴线、本球球心、目标球一侧边缘处在一条直线上。如撞击目标球愈薄,分球角度越大,本球的前进速度愈快,目标球的前进速度越慢;撞击目标球愈厚,分球角度越小,目标前进速度越快,本球分球跟进速度越慢。

2.蹴侧撞球技术习练方法

(1)瞄准侧球点练习:将标有瞄准点(把球体划一中线,在球两侧划分若干点)的目标球,放在离本球一定距离(2～7 米)处,在不同的距离反复练习不同瞄准点。按照上述方法反复进行习练。

(2)近距离(1～3 米)击打目标球不同侧面练习。按照上述方法反复进行习练。

(3)中距离(4～6 米)击打目标球侧面练习。按照上述方法反复进行习练。

(4)远距离(6 米以上)击打目标球侧面练习。按照上述方法反复进行习练。

(5)在边线附近位置,本球与目标球均在边线一侧以击打目标球一侧,使目标球出界,本球留在界内的练习。按照上述方法反复进行习练。

(6)撞双球练习,将本球与两个目标球按规定位置放好,进行撞击双球练习,距离由近至远。按照上述方法反复进行习练。

(三)蹴回旋球技术

1.蹴回旋球技术动作解析

运动员面对进攻方向,两脚开立站在自己的本球后,按常规方法瞄准球后，将右脚的前脚掌贴靠在球上，然后向下后方发力，用力将球挤压出去。这个动作仅靠脚的力量是不够的，必须要全身协调发力。

2.蹴回旋球技术习练方法

(1)原地作挤压球练习。主要体会脚前掌压球的部位及脚掌对球的用力感觉。按照上述方法反复进行习练。

(2)蹴非撞击回旋球练习。一人一球，练习蹴回旋球，距离由近到远，体会脚掌的用力大小与方法。按照上述方法反复进行习练。

(3)蹴正撞目标球的回旋球练习。按照上述方法反复进行习练。

(4)蹴侧撞目标球的回旋球练习。按照上述方法反复进行习练。

(5)将目标球放置在靠近边线一侧，本球在不同的位置和角度上，要求目标球打出界外，本球回旋至场内的练习。按照上述方法反复进行习练。

二、高校中蹴球的发展

要促进蹴球在高校中的发展，就需要采取一定的措施，具体可以从以下几个方面着手进行。

(一)加强高校重视程度，组织类型不同的蹴球比赛

相较于其他民族传统运动来说，蹴球运动还没有得到广泛的发展和传播，只属于少数民族体育范畴。对此，相关部门的政府领导的重视程度就相对较低，相关部门在蹴球活动的开展方面也没有提供相应的支持和帮助，因此，蹴球运动得不到较好的发展，喜爱蹴球的学生和教师或者教练员的积极性和主动性就会受到一定的影响，从而导致蹴球未来发展的不理想。另外，还有一些

地区领导处于一种兼职的状态，只有在即将举办少数民族运动会时，才会设置一些临时任务，并且将这些任务下发给基层部门，基层部门也才临时组队参加比赛，且在安排蹴球的工作时给予的支持和鼓励不多，也并没有引起高度的重视。鉴于这种情况，就需要政府部门和高校在蹴球运动方面要加以重视，不仅要在政策上给予支持，还要在经费上提高所占的资金比例，并且要多组织一些蹴球比赛，使学生对蹴球运动的兴趣得到有效的培养和提升，积极主动参与到蹴球运动中，使蹴球运动成为校园体育中的重要内容，为蹴球运动的持续发展创造良好的条件。

(二)加强场地建设，加大宣传力度

当前，蹴球运动在高校中得不到较好发展的一个重要原因，就是场地问题。一般的，高校中往往只有田径、篮球、网球、羽毛球等常见运动项目的专用场地，蹴球作为一项小众的运动项目，几乎都没有专用的场地，这也制约着蹴球运动在高校中的发展。因此，这就要求加大蹴球方面的资金投入，做好蹴球场地的建设工作，从而为这项运动的开展奠定良好的基础。

另外，当前信息技术不断发展，信息的传播已经不仅仅局限于报纸、电视、广播等传统信息传播形式了，新兴的网络传播已成为传播信息的新方式，成为人们生活、学习、工作十分重要的组成部分。因此，这就要求高校要充分利用网络技术，来对蹴球运动进行积极的宣传和推广，同时，还要加大各媒体对蹴球运动的关注和宣传，使大家对蹴球的价值和功能有更加深入的了解和认识。一般的，可以通过校园的报刊、广播、电台、网站等途径来向学生介绍蹴球运动的基本知识，使学生对蹴球运动有一个大致的了解；还可以通过知识窗、板报、宣传栏、标语等方式来对蹴球的发展历史和锻炼价值进行充分的说明。

(三)要构建后备人才训练体系并使其更加完善

从相关的研究中发现，蹴球运动的发展不尽人意，群众基础

较为薄弱，缺乏后备人才。《全国普通高等学校课程教学纲要》中对蹴球有着相关的规定，具体来说，即要将世界优秀体育文化成果与弘扬和发展我国民俗体育项目有机结合在一起，并且积极收集蹴球方面的资料，并且以学生的需求为依据来制定出统一的蹴球教材、教学大纲和教学计划，同时，还要以学校为依托，将蹴球运动纳入各民族体育课程中，从而使民族传统体育课程的内容更加丰富，对学生参与蹴球运动的兴趣进行积极的培养，使蹴球运动能够在高校中得到进一步的发展，从而为蹴球运动的广泛开展奠定良好的群众基础，同时也为蹴球发展构建一个科学的后备人才体系，并且使其不断完善，为蹴球运动的全面发展创造良好的条件。

(四)加大蹴球教练员队伍的建设力度

从相关研究中发现，蹴球教练员的专业水平较低，执训经历较少，经验较为缺乏，鉴于此，为了使蹴球运动水平得到有效的提升，就要求高校要加强对蹴球教练员的培养和培训，也可以采取到蹴球运动发展好的蹴球基地学习，或者与蹴球专业水平高的教练员进行交流、切磋等其他方式，来达到使其综合素质和专业水平都得到有效提升的目的。除此之外，还可以通过一系列的优越政策来吸引一些具有丰富运动经历的优秀蹴球运动员来扩充教练员的后备人才。

第二节　毽球项目技能习练与发展

一、毽球项目技能习练

(一)发球技术

1. 发球技术动作解析

发球技术包括脚背发球和脚侧发球。其中脚背发球分为正面脚背发球和侧身脚背发球；脚侧发球分为正面脚内侧发球和正面脚外侧发球。

2.发球技术习练方法

(1)队员站在离墙 6 米的地方对墙发球，发出球的高度控制在 2.5 米左右。按照上述方法反复进行习练。

(2)队员分成两组站在两边端线后对发，增加队员的练习机会。按照上述方法反复进行习练。

(3)队员分别站在两边发球区内发球，每人发 10 个球为一组，发若干组。发完一组后登记成功与失误的次数，最后统计每人的成功率，提高练习的效果。按照上述方法反复进行习练。

(4)按照一般接发球站位容易出现的空当，在场内画出一定区域，队员发到指定的区域内，每人发 5～10 个球为一组，一个一个区域反复练习。按照上述方法反复进行习练。

(5)将每边场地划出 9 块区域(图 7-1)，队员站在两边端线，要求先发球到①号区域，如一次发不到位可进行第二次，直至发到位，然后再发到②号区域，这样依次进行，看谁先完成 9 个区域的发球为胜。

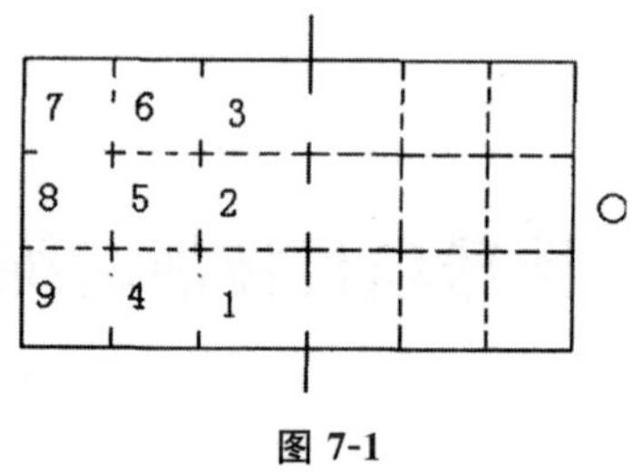

图 7-1

(二)传接球技术

1.传接球技术动作解析

(1)头部传接球

头部传接球动作如图 7-2 所示，可根据来球的高低，原地或跳起空中完成。

(2)胸部传接球

胸部传接球动作如图 7-3 所示，做动作时要注意控制好球的飞行方向，可根据具体情况对球的飞行方向进行适当调整。

图 7-2　　图 7-3

(3)腿部传接球

两膝微屈做好准备姿势。当球飞近大腿时，重心移到支撑腿上，击球腿自然屈膝，大腿带动小腿由后向前上方快速抬起，用大腿的前 1/3 处击球，抬腿力量的大小应根据球的弧度和落点要求加以控制。腿接触球时应与地面保持一定角度，形成良好的反射角。

(4)脚部传接球

脚部传接球包括脚背传接球、脚内侧传接球和脚外侧传接球，其区别主要在于传接球的部位不同。

2. 传接球技术习练方法

(1)原地徒手模仿头部触球动作练习。按照上述方法反复进行习练。

(2)原地踢背后球练习。把球踢到背后，迅速后转身 180°再将球踢至背后。按照上述方法反复进行习练。

(3)个人原地踢高、低球练习。原地踢一次低球(1 米左右)，再踢一次高球(2 米以上)。按照上述方法反复进行习练。

(4)原地徒手模仿胸部触(接)球动作练习。按照上述方法反复进行习练。

(5)自踢练习。先单脚,后双脚交替踢球。按照上述方法反复进行习练。

(6)跑动传球练习。分两组,相距3～5米,按纵队站立,第一组排头将球传给第二排头后,马上跑至第二组排尾,第二组排头将球传回第一组后,马上跑到第一组排尾。按照上述方法反复进行习练。

(7)2人1抛1传练习。2人一组,1人抛球,1人用腿触球后,即用脚内侧将球传回,每人抛10只球后互换。按照上述方法反复进行习练。

(8)2人对传练习。2人一组,每人用腿触球一次即用脚内侧将球传给对方。按照上述方法反复进行习练。

(9)两人对传练习。2人一组,相距3米左右,做相互传球练习。按照上述方法反复进行习练。

(10)接手攻球传球技术。2人一组,1人用手攻球,1人用胸触球后,即用脚内侧或脚背将球传回。按照上述方法反复进行习练。

(11)内外侧结合踢球练习:一次用脚内侧踢球,一次用脚外侧踢球。按照上述方法反复进行习练。

(12)自抛自触传球练习。自己用手将球在体前向上抛起,然后用头触球落地或在球未落地前用脚内侧将球传出。按照上述方法反复进行习练。

(三)踢球技术

由于踢球技术本身就可以用来进行练习,因此,踢球技术的动作解析和习练方法是同样的,在此就不分开进行论述了。

1.膝盖踢球

右手持毽子,两腿自然开立,右手将毽子向正前上方抛起,左腿支撑，右腿屈膝向上抬起（约与地面平行），用膝盖上方平面部位击毽子，当毽子下落至膝部上方 20 厘米时，大腿再向上摆发力击毽（图 7-4）。动作熟练后可两膝交替进行。

2. 脚部踢球

（1）脚背踢球（图 7-5）

右手持毽子，两腿自然开立，右手将毽子向正前上方抛起，等毽子下落到膝盖下方时，屈踝，脚背抬平向上踢毽，上体微向前倾，注意体会球感并控制踢毽高度，脚背垂直向上用力。熟练后可两脚交替踢。

图 7-4　　图 7-5

（2）脚外侧踢球

左脚支撑，右大腿带动小腿，膝内收，小腿向体外侧上摆，击球的一刹那勾足尖，踝关节外屈端平，用脚背外侧把球向上踢起（图 7-6）。等毽子下落至膝外侧时再重复踢毽。

（3）脚内侧踢球

两腿自然开立，左手持毽子于胸前，然后将毽子垂直向上抛起，下落至膝部时，右腿屈膝外展并正摆，用脚内侧中上部向上击毽子，等毽子下落后，再重复用右脚内侧上踢毽子。每踢一次，右脚落地保持身体平稳，然后，再继续踢毽子，踢毽高度可在肩部以上，熟练后可两脚交替踢（图 7-7）。

图 7-6　　图 7-7

(四)攻球技术

1. 攻球技术动作解析

攻球技术根据攻球身体部位不同,可以分成头部攻球和脚部攻球。脚部攻球包括脚踏攻球和倒勾攻球。脚踏攻球分正面脚掌前踏攻球和侧身里合脚掌前踏攻球;倒勾攻球分外摆脚背倒勾攻球、里合脚背倒勾攻球和凌空里合脚背倒勾攻球。

2. 攻球技术习练方法

(1)头攻二传球

站在 1 号位的头攻队员把球抛给 3 号位的二传队员,二传手运用两次击球拉开传球,头攻队员助跑前冲起跳把球攻入对方场区,而后返回原位轮流练习(图 7-8)。

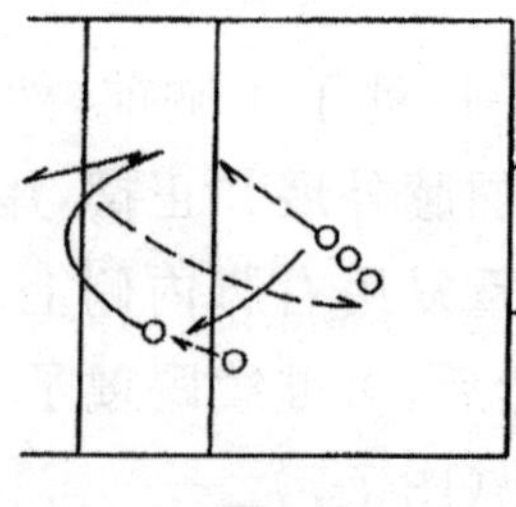

图 7-8

(2)接起后上网倒勾

教练员站在对方场地隔网手抛球给 2 号位队员,2 号位队员将球传给二传后，迅速移动到网前将二传手传来的球攻过网（图7-9）。

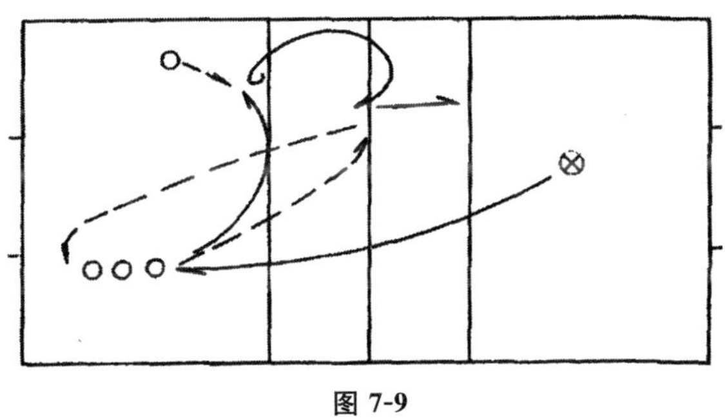

图 7-9

(3)倒勾二传球

一队员担任二传，接教练员的手抛球二次传球到位，另一侧的进攻队员移动到网前，做倒勾二传，倒勾完后回原位轮流练习（图7-10）。

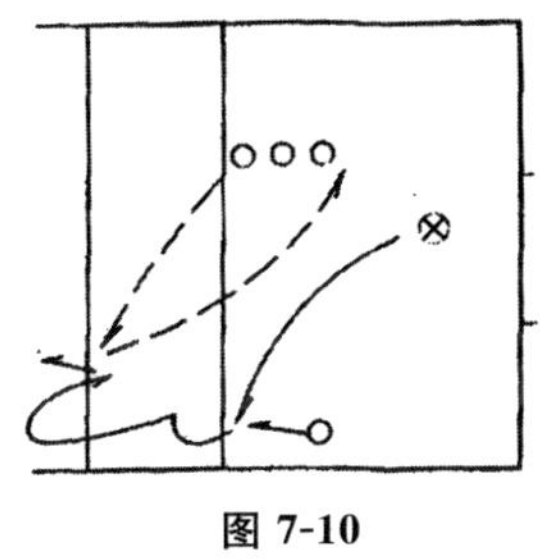

图 7-10

(4)网前里合倒勾手抛球

队员站在网前稍靠中间，教练员站在队员的左侧离网1.8米的地方抛球，倒勾队员一步助跑起跳打倒勾球（图7-11）。

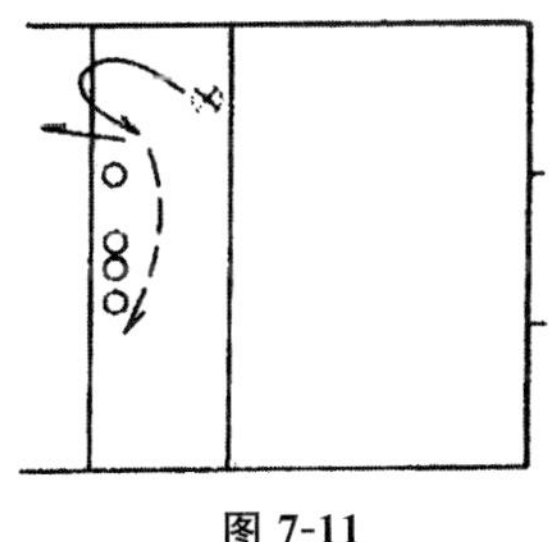

图 7-11

(5)踩墙翻转

队员距离墙约4米面对墙站立，而后向前助跑2～3步，击球腿起跳，摆动腿向前伸踩墙，身体向左翻转，起跳腿里合摆动由踩墙腿的上方越过，并先落地缓冲，同时两臂控制身体平衡。

(6)正面前踏拉开球

教练员站在1号位向3号位的二传队员手抛球，二传队员把球拉开传到2号位，2号位的攻球队员采用2～3步助跑正面前踏把球攻入对方场区(图7-12)。

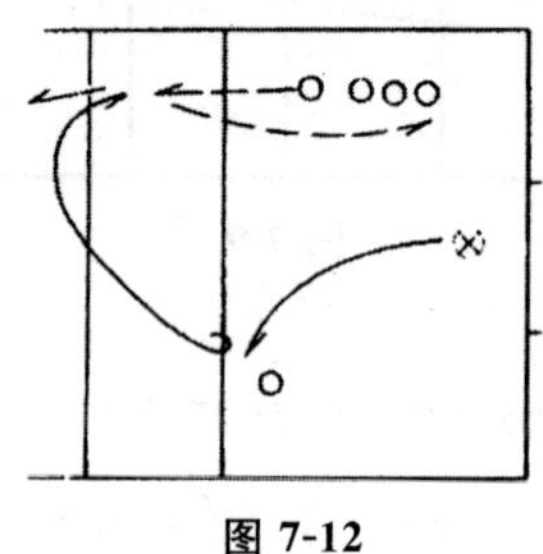

图 7-12

(7)斜线吊前场

教练员站在后场把球抛给二传队员，二传运用两次击球把球传给移动到网前的进攻队员，进攻队员跳起佯做强攻突破，牵制对方封网队员，而后突然变吊球动作把球斜线吊入对方场区空当(图7-13)。

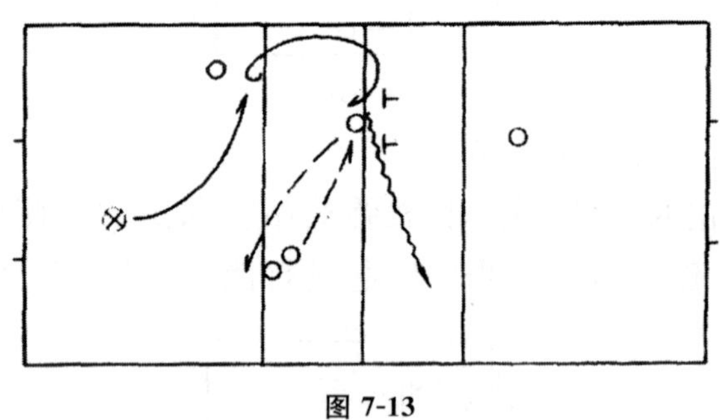

图 7-13

(五)拦网技术

1.拦网技术动作解析

(1)原地拦网

准备拦网时，拦网队员站在网前，离网30～40厘米，两膝微屈，与肩同宽，自然收腹，上体稍前倾，两臂自然置于体侧，目视攻球者。当对方攻球时，两脚用力蹬地起跳，两臂自然下垂，夹紧放于体侧稍前，身体保持提腰收腹挺胸的迎球姿势，原地跳起拦网。

(2)移动拦网

准备拦网时，盯住对手击球点，网前滑步选准位。两膝微屈，与肩同宽，自然收腹，上体稍前倾，两臂自然置于体侧，目视攻球者。准确把握好起跳时机，当对方攻球时，及时移动选择好封堵主要线路，两脚用力蹬地起跳，将球拦至对方场地。封网击球可根据情况采用压肩主动击球和保持迎球姿势被动击球。击球后，身体应控制平衡自然下落，双脚前脚掌先着地，并屈膝缓冲，准备完成下一个动作。

2.拦网技术习练方法

(1)原地封网

封网队员站在网前，离网 30～40 厘米，原地跳起封网。按照上述方法反复进行习练。

(2)站在网的一侧向另一侧移动封网

队员站在左侧或右侧用并步或交叉步移动起跳封网，每组练习 3 次，而后轮流练习(图 7-14)。按照上述方法反复进行习练。

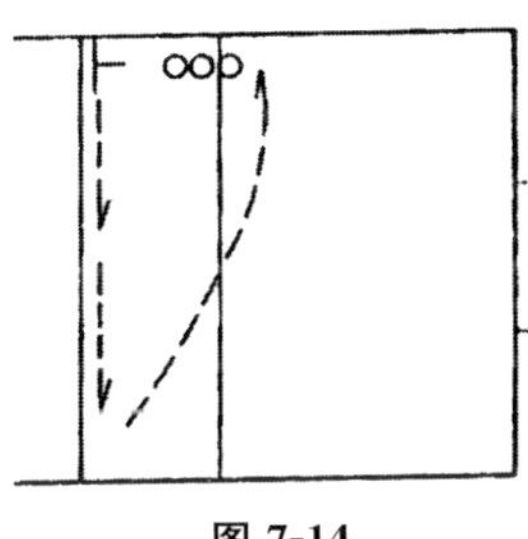

图 7-14

(3)2 对 2 攻封对抗

教练员站在后场 1 号位把球抛给 3 号位的二传队员，二传把球传给网前的倒勾队员进攻，对方单人封网，每边两人轮流练习。练习 30 个球为 1 组，两边队员交换练习，计算成功率。

(4)封 3 号位手攻球

教练员站在 3 号位自抛手攻球，封网队员及时跳起把球封回对方。认真体会空中压肩和捂盖动作，当球被封起时应及时自我保护起球。按照上述方法反复进行习练。

(5)向两边移动的封网

队员向网前移动封网 1 次，马上向右移动封网 1 次，下 1 名队员向左移动封网(图 7-15)。按照上述方法反复进行习练。

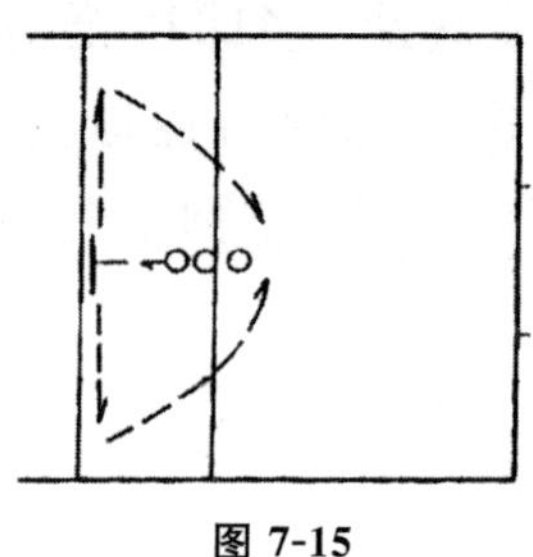

图 7-15

二、高校中毽球的发展

对于高校中的毽球，可以从以下几个方面入手来促进毽球运动的发展。

(一)加强毽球课程改革

就当前高校毽球的发展来说，存在着一些问题，比如，教学模式传统落后等，鉴于此，就要求在教学方面要加以创新，实施创新教育。具体来说，在毽球教学过程中，要对运动技巧和战术加以重视，同时，还要将现实的经典案例和创新式的教学模式应用于蹴球教学中，这样不仅使学生对毽球运动的学习兴趣得到有效提升，还能使学生的创新意识与创新精神得到积极有效的培养。

另外，对于开设毽球课程的高校来说，要以毽球运动的特点及发展规律、学生的情况及身心特征为主要依据，因地制宜地来修订毽球教学大纲，并使其能够更加完善。具体来说，需要修订和完善的方面主要涉及毽球基本课时的分配、毽球技战术所占比例、身体素质练习的比重、规则裁判法的学习、实战的练习及考核标准等方面。如果条件允许的话，可以出版一本统一的专业毽球运动教材，这样能够对师生更好地学习和掌握毽球运动相关知识产生直接的引领作用，对于完整教学体系的形成和毽球运动的普及面的增加都是有所助益的，因此，这对于毽球运动的进一步发展会起到积极的促进作用。

（二）全面提高师资队伍专业水平

对于开设毽球运动的高校来说，要保证毽球运动教学的顺利开展和良好教学效果，需要保证师资队伍的整体专业水平。一般的，毽球运动的教师往往都是其他专业的，毽球方面的专业水平普遍较低，这就要求高校应做好任课教师的“再培训”工作，为教师们提供一个“再学习”的平台，从而使毽球教学科研水平都得到全面的提升。通常，可遵循“请进来，走出去”的原则，来使任课教师教学理念、专业素质、教学技能都得到较好的提升。除此之外，还可以遵循“以点带面”的原则，将毽球教学水平较高的高校的优势充分发挥出来，以此来带动其他高校毽球师资水平。

（三）让学生通过网络平台加强对毽球的认知

学生对毽球运动的认识，往往是从教材上、电视上得来的，这往往会对学生认识毽球运动有一定的局限性，因此，这就要求高校应将网络资源充分利用起来，搭建 QQ 平台、微博、微信等进行毽球相关内容的交流与指导；与此同时，还要根据时代特征，将学生团体的作用充分发挥出来，定期举办“毽球文化节”，同时，还要配合毽球宣传海报和相关体育文化活动，从而很好地创建良好的校园体育文化氛围，对毽球在课外活动的普及和开展起到积极的促进作用。

（四）定期举办毽球比赛

开设毽球课程的高校，要将学生团体或协会等的作用充分利用起来，定期举行班级、年级、院系等不同类别的毽球比赛，让学生能够充分参与其中，将其兴趣激发出来，使其参与毽球运动的主动性得到提升，走出教室和宿舍。这样做，不仅能够使学生课余文化生活得到有效的充实，形成浓厚的毽球活动氛围，而且还能对毽球运动的开展起到积极的促进作用。

（五）将科研交流平台建立起来

当前，开设毽球运动课程的高校相对较少，在学校中，毽球运动还没有形成较强的影响力，因此，这就要求高校要针对毽球运动定期举行关于“毽球课程可持续发展”的教学研讨会等交流方式，以科研促教学。这对于高校毽球运动可持续发展和良好基础的奠定都是有所助益的。变“一枝独秀”为“百家争鸣”的趋势，不仅能够使高校体育教学改革得到有效推动，同时，也能对毽球课程的开展起到全面的促进作用，进而为提高学生体质健康、促进全民健身和传承民族体育文化做出应有的贡献。

第三节　木球项目技能习练与发展

一、木球项目技能习练

（一）传球技术

1. 传球技术动作解析

（1）正手传球

传球时，两脚前后站立或平行站立，膝关节微屈，双手或单手持握击球板，上端对准球或来球方向，以肩为轴，由下往后上方向前下方挥摆击球板将球传击出去。击球时，用击球板弯头处击球的后中部。击球后，手持握板要有忽停动作。

(2)反手传球

反手传球的动作方法与正手传球基本相同，不同点是对运动中来球判断迟缓，易造成使用反手传球动作较慢，对击球准确性带来影响。

(3)传腾空球

根据来球的运行路线确定击球点，身体面对击球方向，支撑脚上一步，脚尖朝向出球方向，然后以肩为轴双手或单手持握击球板向着来球方向由前往前上方摆动击球的中部。在击球时，眼睛始终注视球。

2.传球技术习练方法

(1)模仿练习

3人一组，1人脚踩球，1人模仿传球动作，另1人在侧面观察击球板挥摆击球的动作和击球部位是否正确。按照上述方法反复进行习练。

(2)两人对传球练习

2人一组，轻轻对传空中球。先将球向空中垂直抛起，当球下落到一定高度时挥举击球拍将球击出，双方对传。按照上述方法反复进行习练。

(3)连续传球练习

一人在圆圈中间向站在圆周的人做连续改变方向的传球(圆圈的半径可定为2.5米)。按照上述方法反复进行习练。

(4)两人连续对传练习

由相距30厘米距离开始，边传边后退加长传距，退到适当位置后再边传边向前缩短传距。按照上述方法反复进行习练。

(5)移动对传练习

2人一组，轻轻对传定位球或对墙练习。掌握动作后，可在移动中传各种不同方向、不同性质的球。按照上述方法反复进行习练。

(6)定时传球练习

分成 3 人或 4 人一组,定时按顺序传球,看哪一组传球次数多。按照上述方法反复进行习练。

(7)运球射门练习

运球至罚球弧内射门。按照上述方法反复进行习练。

(8)传球射门练习

练习者将球传给站在罚球弧附近的同伴,然后立即插上射同伴传来的球。按照上述方法反复进行习练。

(9)点球射门练习

在球门柱中点处竖一标志绳或杆,分组(也可不分组)进行每人罚 10 次点球的射门比赛,射进两侧有标志的小门内得 1 分。按照上述方法反复进行习练。

(二)运球技术

1.运球技术动作解析

(1)推球运球

准备推球运球时,跑动时身体自然放松,上体稍前倾,双手或单手持握击球板,膝关节弯曲,向前跑进,运球时用击球板弯头处正面底部向前推球。

(2)拨球运球

运球时,支撑脚稍向前跨,落在球的侧前方,膝关节稍弯曲,上体前倾向里转,随着身体的向前移动,单手或双手持握击球板稍提起,用弯头处内侧拨球的中后部。

2.运球技术习练方法

(1)拨球练习

拨球练习时,用击球板弯头处内侧连续向里侧转圈拨球,也可用击球板弯头处外侧(反手持握)连续向外侧转圈拨球。身体重心随球转动,一步一拨球,球沿小圆圈行进。按照上述方法反复进行习练。

(2)拨球与推球交替练习

排成两列横队，两臂间隔散开。练习时，第一排直线拨球运球15米，返回时改用推球运球，到达起始线后换第二排运球。在慢跑中控制好球，逐渐加快运球速度。按照上述方法反复进行习练。

(3)运球绕杆射门练习

在中圈附近，沿球门方向竖起3～5根竹竿。球员从中圈开始依次运球过竿。过完最后一竿后射门。不能漏竿，如果漏竿应返回漏竿处重做。按照上述方法反复进行习练。

(4)运球躲人练习

把全班学生分成若干组，两人一组，无球人在设定的圆圈内自由移动，持板人在圈内运球时躲过无球人的干扰。做1～2分钟练习后交换。持板人遇到无球人时注意躲闪，有意识控制直线球或曲线球，控制好运球的速度和方向。按照上述方法反复进行习练。

(5)综合技术练习

反复练拨球运球过人、推球运球过人等练习，逐渐加快运球速度。按照上述方法反复进行习练。

(三)接球技术

1.接球技术动作解析

(1)正板接球

接球前，两脚前后站立，支撑脚正对来球方向，膝关节微屈，身体重心放在支撑脚上，上体稍前俯；双手或单手持握击球板，使击球板弯头处与地面成一定角度，当球滚到支撑脚前内侧踝骨附近时，用击球板的弯头处挡压球的中上部，将球停在自己的身体前面。

(2)反板接球

反板接球的动作方法与正板接球相同，只是持板压球时击球板的方向不同。

2. 接球技术习练方法

(1)持握击球板进行正、反手接球的模仿动作练习。按照上述方法反复进行习练。

(2)2 人面对站立。1 人传滚地球,另 1 人迎上接球。按照上述方法反复进行习练。

(四)抢截球技术

1. 抢截球技术动作解析

(1)戳球抢截

在与对手并肩跑动中或是在对手附近时,当对手向同伴传球时,降低重心,同时迅速跟上,用击球板将球戳住并把球控制好。

(2)勾球抢截

两脚前后开立,两膝微屈,重心落在两脚之间,面对对手。当对手运球靠近自已时,支撑脚立即用力蹬地,同时迅速伸出击球板,准确用击球板弯头处迅速有力地将球勾抢过来,并把球控制好。

2. 抢截球技术习练方法

(1)2 人一组,1 人控球,1 人勾球,按照上述方法反复进行交替习练。

(2)2 人一组,1 人运球,1 人防守,在攻防中防守者练习勾抢球。按照上述方法反复进行习练。

(3)3 人一球,2 人相距 6～8 米传球,1 人在接球者附近或身侧,上前做跨步接球抢截练习。按照上述方法反复进行习练。

(五)射门技术

1.射门技术动作解析

(1)击射

保持运球的正确动作，当出现射门空档时，持握击球板的手腕向后上方用力翻起，使击球板离开运行中的球，突然向前下方用力敲击运行中球的中下部位，使球射向球门。

(2)扫射

两脚前后开立，膝关节微屈，上体稍前倾，重心在两脚之间，面对来球的方向，当球到射门一侧支撑脚的附近时，单手或双手持握击球板，用弯头处将球向球门扫射。

2.射门技术习练方法

(1)两人对击练习

2 人相对站立，相距 5～6 米，用击球板对击球。按照上述方法反复进行习练。

(2)扫射练习

2 人一组，1 人在球门前 8 米处站立，扫射不同方向传来的球。按照上述方法反复进行习练。

(3)直线运球击射练习

2 人一组，相距 5～6 米，平行向前运球，做击射球练习。按照上述方法反复进行习练。

(4)绕杆运球击射练习

从中线向球门中点线方向设置木杆，间隔 1.5～2 米，练习者从中线绕杆运球至最后一杆时向球门击射练习。按照上述方法反复进行习练。

(六)守门员技术

1.守门员技术动作解析

(1)选位

一般应位于射门点与两球门柱连线形成的角的分角线上,并随时根据球的运行路线及时调整位置。

(2)准备姿势

两脚左右开立,约与肩宽,两膝自然弯曲稍向内扣,脚跟稍提起,重心落在前脚掌上,上体稍向前倾,两臂自然垂于体前侧,持握击球板,两眼注视来球。守门员左右调整位置的移动,一般采用侧滑步、交叉步、并步和滑步等。

(3)用板挡球

两脚自然开立,两膝稍弯,重心在两脚间,两眼注视球的运动方向。当球射向球门时,双手或单手持握击球板用正手或反手将球挡住,击球板触球后主动后撤,将球控制在体前侧。

(4)双腿侧躺挡球

身体重心先移向来球的异侧,同时双脚用力蹬地向来球一侧滑出,身体展开,随着大腿、臀部、手臂和上体外侧依次着地,手掌撑地,接着用双腿侧躺挡住射来的球。

(5)半分腿挡球

当球射来的瞬间,一侧腿向来球方向用腿外侧沿地面侧向滑出,接着小腿外侧、大腿外侧和臀部依次着地,用侧伸的腿挡住对方射门的球。

2.守门员技术习练方法

(1)在球门前移动进行各种挡球练习。按照上述方法反复进行习练。

(2)2 人一组,间距 3~5 米,相互进行传、挡球。按照上述方法反复进行习练。

(3)2 人一组,相距 3~5 米,1 人做手势,另 1 人按手势规定做挡球、半分腿挡球、双腿侧躺挡球等技术动作。按照上述方法反复进行习练。

(4)集体做原地半分腿和双腿侧躺滑出动作。按照上述方法反复进行习练。

二、高校中木球的发展

我国高校中的体育运动的发展和普及较为迅速，高校在体育场馆建设方面有明显的改善，这就为木球在高校中的开展奠定了良好的基础。为了能够更好地促进木球运动在高校的发展，可以有针对性地采取以下几个方面的措施。

(一)开设专门的木球课程

如果条件较好，一些尚未开设木球课程的高校，就可以考虑将木球作为一项选修课，并且将其纳入体育教学大纲，通过木球课的教学来使木球运动在高校的开展得到进一步普及。

(二)加大宣传力度

由于木球的知名度较小，无法与篮球、足球等运动相媲美，但是，其作为一项独具风格的民族传统体育运动项目，具有自身的显著特点和魅力，要进一步发展和普及这项运动。因此，这就要求加大木球运动在高校中的宣传力度，形成良好的氛围，使学生的对木球运动逐渐产生兴趣，使木球普及程度进一步加大，从而带动更多的大学生参与到木球运动中来。

(三)定期举办比赛并提升比赛水平

通过比赛，能够使学生对木球有一个直观的整体了解和认识，因此，这就要求加强与国家教育部有关部门的沟通，尽快成立全国大学生木球联合会，每年定期举办高校木球比赛，同时，还要保证比赛的常规化、制度化，把这项比赛做大做强。

另外，定期举办高校木球比赛，就需要专业的教练员、裁判员和技术人员对学生加以指导，对他们的专业水平有着较高的要求，因此，这就要求要定期对教练员、裁判员和技术人员进行专业培训，从而使他们的业务能力得到有效提高，进而使木球比赛的水平也得到全面的提升。

第四节　珍珠球项目技能习练与发展

一、珍珠球项目技能习练

（一）传球技术

1. 传球技术动作解析

（1）单手肩上传球

两脚前后开立，两膝微屈，重心落在右（后）脚上，左肩侧对传球方向，右手持球于体侧。准备传球时，右手将球由下向后引至肩上，掌心对着传球方向；传球时右（后）脚蹬地，重心前移并向左转体，以肩带肘，向前挥臂，在球即将离手的瞬间屈腕，用食指、中指、无名指的力量将球传出。

（2）单手体侧传球

两脚前后开立，两膝微屈，重心落在右（后）脚上，右手持球于体侧。传球时，利用右脚蹬地，向左转体带动右臂，以肘领先，前臂与地面平行向传球方向挥摆，掌心对着传球方向，最后用屈腕和食指、中指、无名指的力量将球传出。

2. 传球技术习练方法

（1）原地传球练习

两人一组，相隔 3～5 米，进行原地传球。按照上述方法反复进行习练。

(2)行进间传球

两人或三人一组，相互间隔3～5米，按顺序练习行进间传球。按照上述方法反复进行习练。

(3)四角传球

4人一组，可站成正方形、长方形或其他任意四边形，按照一定的顺序进行传球练习。

(4)移动传球

可集体进行全场移动传球练习。按照上述方法反复进行习练。

(二)运球技术

1.运球技术动作解析

两眼平视，五指自然分开，以肘为轴，手心向下，用力向前下方拍按，球的落点在身体侧前方，球的反弹高度在胸腹之间。如果向前直线运球，拍在球的后上方；如果向左或右变向时，拍球的部位有所改变，要拍在球的右侧后方或左侧后方。

2.运球技术习练方法

(1)原地运球

根据哨音或手势，做各种方式运球。按照上述方法反复进行习练。

(2)行进间运球

①直线运球

选定一段距离，从起点运球直线到达终点，距离的远近可根据练习者水平而定。按照上述方法反复进行习练。

②绕杆运球

在场地上随机设定几根标志杆，运球让过每根标志杆，运球速度可越来越快。按照上述方法反复进行习练。

(三)接球技术

1.接球技术动作解析

(1)双手接球

接球时,两眼注视来球,两臂向来球伸出主动迎球,五指自然分开稍向上翻,手掌向前成半球状,当球触及手指的瞬间,两臂迅速随球向后回收缓冲把球接住,同时保持身体平衡,以便接下一个动作。

(2)单手接球

五指自然分开成勺形,向来球伸出,当球触手后,手臂顺势回收缓冲,然后直接挥臂射球或成单手持球姿势。

2.接球技术习练方法

(1)两人一组,原地传接球练习。按照上述方法反复进行习练。

(2)行进间两人(或三人)传接球练习。按照上述方法反复进行习练。

(3)四角传接球练习。按照上述方法反复进行习练。

(4)全场移动传接球练习。按照上述方法反复进行习练。

(四)抄网技术

1.抄网技术动作解析

(1)抄高抛球

抄高抛球时,采用侧身站立,使抄网面与来球成直角,并抄球的低点;若来球是低弧度球或球的落点在得分区时,采用排球扣球技术抄球的高点。

(2)抄平快球

抄平快球时,应掌握好时间差和空间差,向前平伸抄网引导投球队员将球抄中。

(3)抄反弹球

抄反弹球时,应与水区队员建立目光和信号联系,使网面朝下抄反弹球。

2.抄网技术习练方法

(1)无防守原地练习

二人一组,一人投不同高度、不同方式的球,另一人练习抄网得分技术。按照上述方法反复进行习练。

(2)有防守的原地练习

三人一组,一人投入不同高度、不同方式的球,一人在中间持拍防守,另一人练习抄网得分技术。按照上述方法反复进行习练。

(3)移动中抄网得分技术练习

二人一组,在移动中,一人投球,一人练习抄网得分。按照上述方法反复进行习练。

(4)有防守的移动抄网得分技术练习

三人一组,在移动中,一人投球,一人持拍封锁防守,另一人练习抄网得分技术。四人一组,在移动中,一人投球,两人持拍封锁防守,另一人练习抄网得分技术。按照上述方法反复进行习练。

(五)持球突破技术

1.持球突破技术动作解析

比赛中,掌握好突破时机,合理地运用突破技术,既能直接切入得分,又能打乱对方的防守部署,创造更多的攻击机会,增加对手的犯规,给对方防守造成较大的威胁。如能把突破与投球、分球结合运用,进攻就会更加机动灵活,效果更为显著。

2.持球突破技术习练方法

(1)原地持球练习交叉步突破和顺步突破的动作。按照上述方法反复进行习练。

(2)向前、侧方抛球,然后起动,跳步急停接球后练习不同的突破技术方法。按照上述方法反复进行习练。

(3)结合假动作,做不同的突破技术练习,提高运用动作的变化能力和动作的变化速度。按照上述方法反复进行习练。

(4)两人一组,一攻一防做原地持球突破。按照上述方法反复进行习练。

(六)防守技术

1.防守技术动作解析

封锁区队员防守应侧身站位,多采用滑步、交叉步和侧身跑技术,将抄网队员置于2名持拍队员之间,当来球弧度高、速度快时,采用单拍上捅方式改变球的路线,破坏对方抄网。当来球弧度平时,用双拍封挡、夹接球。另外,2名持拍队员要注意配合,组成更大的防守面积:当1名持拍队员防高点时,另1名持拍队员防低点,在规则允许的范围内影响抄网队员的视线;当1名持拍队员防前点时,另1名持拍队员防后点以及防止持网队员反跑抄球。

2.防守技术习练方法

(1)防守无球队员的方法。

(2)两端线间一攻一守的攻防练习。按照上述方法反复进行习练。

二、高校中珍珠球的发展

(一)解放思想,促进珍珠球创新发展

高校珍珠球运动的发展,需要一定的经费,而学校用于体育方面的经费预算本来就少,用于珍珠球的更是微乎其微。为了保证高校珍珠球发展的经费充足,就需要解放思想,将高校珍珠球的发展与经济有机结合起来,从而对高校珍珠球运动的发展起到积极的促进作用。另外,珍珠球运动已经有了一定的发展,这就需要在此基础上,解放思想,使珍珠球运动得到创新性的发展,积极营造引导珍珠球比赛的项目管理体系,并且将新的标准和珍珠球运动的新造型都明确下来,使珍珠球运动水平得到有效的提升,进而使高校珍珠球运动也得到进一步的发展。

(二)提高重视程度,加大推广力度

珍珠球运动作为一项重要的民族传统体育项目,要想进一步普及和发展,就必须引起重视,并且加大推广力度。具体来说,首先要将珍珠球的特色体现出来,然后使珍珠球运动的高校中得到标准化的发展,同时,也可以将珍珠球列为全民健身的重要项目,以此来扩大珍珠球的知名度和人们的认知度,为其在高校中的普及和发展奠定良好的基础。另外,还要对珍珠球运动的专业人才进行重点培养,增强他们的专业水平和整体素质,从而保证高校中珍珠球运动的顺利进行和可持续发展。

第八章　高校民间民俗体育项目技能解析与发展研究

民间民俗体育根植于我国丰富的民间民俗文化，具有丰富的文化内涵，是民族传统体育中最具有中国特色的一部分体育内容，对高校学生具有较强的吸引力，是现阶段高校民族传统体育教学中的新兴课程。我国民间民俗体育内容丰富、项目众多，这里主要针对普及性较高的、在高校学生基础广泛的几类民间民俗体育项目的技能及其发展进行系统研究。

第一节　民俗体育项目的概念与发展

一、民俗与民俗体育

（一）民俗

"民俗"是一个外来词，是由英国学者汤姆斯结合"Folk"（民众、民间）和"Lore"（知识、学问）合成创造的，指民俗现象与研究民俗现象的各种理论体系。[①]

我国学者认为，民俗是民间文化中具有集体性、传承性的特殊的文化内容和现象，它属于民族传统文化。

---

① 钟敬文. 民俗学概论[M]. 北京：高等教育出版社，2010.

(二)民俗与体育

民俗、体育都是文化系统中的重要因子,原本是两个联系并不紧密的系统,二者之间的联系更多的是趋于一种外在表现形式的联系,在很多民俗活动中,会大量涉及关于身体运动的因素。

以龙舟竞渡为例,在龙舟竞渡形成民俗体育之前,其主要是龙的图腾文化与划船体育形式的联合,关于"龙图腾"的民俗文化单向地影响龙舟竞渡,龙舟竞渡完全按照民俗文化的需要发展,如贡品陈设、龙舟装饰、参与者的祭祖仪式以及服装要求、文身等。此时龙舟竞渡只是提供"划船"的运动形式,并没有形成真正的体育运动形式,具体来说,早期的龙舟竞渡主要用于"龙图腾"的祭祀活动,对于竞赛规则、比赛设置等均无具体规定。这时的龙舟竞渡还不能称为"体育",只是一种借助运动形式的民俗文化(图 8-1)。[①]

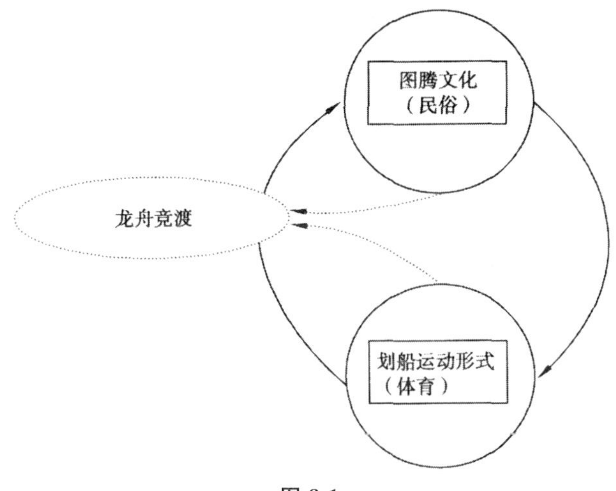

图 8-1

汉以后,赛龙舟逐渐成为祭祀屈原的一种文化活动,祭祀活动规范化和礼仪化,促使龙舟竞渡成为真正的民俗体育活动。宋朝时期,龙舟竞渡运动中,在复杂的祭祀礼仪之后,竞渡比赛开

① 付玉坤.民俗体育研究[M].济南:山地教育出版社,2011.

始，先到终点的龙舟获胜，体现出竞技的特点。龙舟竞渡在体育比赛的规则和设置、程序等方面的“法制化”为其向体育运动的过渡奠定了重要基础。龙舟竞渡成为一项独立的民俗体育运动后，便开始反过来影响民俗（图 8-2）。发展到这里，民俗与体育真正结合在一起，形成一种新的文化形式——民俗体育。

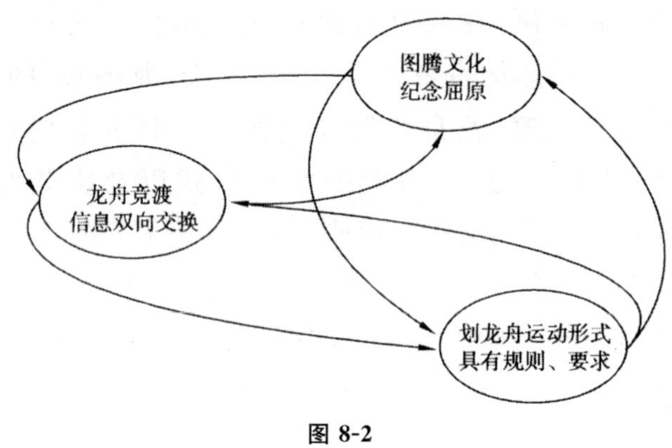

图 8-2

（三）民俗体育的丰富体系

民俗体育是一种民间体育文化，它形成于过去，具有特定的群众生活和风俗习惯，并相沿成习、时代传承，在不同的历史发展阶段处于动态变化之中，但是其所蕴含的民族文化内涵和习俗并没有本质性的改变，改变的只是表现形式和活动形式。民俗体育是一种活态的体育文化传承。①

由于民俗与民间文化具有非常密切的关系，因此，很多人更多地将民俗看作是一种区域性民众共同的思维和行为模式，其本身具有很大的惯性。

对于民俗体育而言，也可以看作是一种公众习惯性的世代沿袭的行为模式，这种行为与区域公众的群体认知和日常生活息息相关。其主要源于以下几个方面。

（1）岁时节日民俗体育活动（表 8-1）。如在元宵节、清明节、

① 张淼，李龙. 民俗体育、民间体育、民族体育和传统体育的概念及关系辨析[J]. 搏击·武术科学，2013(2)10.

端午节、重阳节等，会举办大量的地域性、民族性体育活动。

（2）宗教信仰仪式中的民俗体育活动。此类民俗体育活动源于宗教活动，之后逐渐脱离或者未脱离宗教文化，一直流传至今，在特定的日期和场合举办，更多时候表达的意义是民族欢庆和祈福。如摆手舞（土家族）、抢花炮（侗族）。

（3）交往礼仪中的民俗体育活动。源于地域性民族的日常生活和风俗习惯，多与不同民族之间的青年男女相互表达爱慕有关。如抛绣球（壮族）、姑娘追（哈萨克族）。

（4）庆典、庙会中的民俗体育活动。与不同民族的生产劳动具有密切的关系，是民族民众在生产劳动之余的一种自娱自乐活动，表达了民众庆祝丰收的喜悦，之后逐渐沿袭形成固定的一种民俗文化体育活动，成为各民族民俗文化的一种重要的表现形式和内容，具有重要的文化意义。

表 8-1　我国典型岁时民俗及民俗体育活动

民俗节日	时间	民俗体育活动
春节	年末岁初	各族体育节庆活动
元宵节	农历正月十五	放烟火、赏灯、舞龙、舞狮等
清明节	公历四月五日前后	踏青、放风筝、荡秋千、拔河等
端午节	农历五月初五	龙舟竞渡、赛龙舟、舞龙等
火把节	农历六月十四	赛马、射弩、陀螺、磨秋等
中秋节	农历八月十五	赏月、泛舟等
重阳节	农历九月初九	登高、放风筝、郊游等
那达慕	夏秋之交	摔跤、赛马、射箭等

二、民俗体育与民族传统体育

(一)民俗体育与民族体育的研究内容

民俗体育活动源于人类社会群体生活的需要,我国学者认为,民俗之“民”是以人民为主的全民族,“俗”是具有“集体性、传承性、扩布性”的文化形态,“民俗”即在时间与空间范围内传播的地域性文化形态。①

严格意义上说,“民族传统体育”与“民俗体育”应区分开,根本原因在于民族学和民俗学是两个不同的文化概念。“民族学是考察各民族的文化的学问”(蔡元培,《说民族学》),“民俗学”是“关于民众知识的科学”。民族研究的是精英和主体大文化(大文化圈);民俗研究的是基层、原生态文化(小文化圈)。

(二)民俗体育与民族传统体育的关系

民族传统体育是基于民族文化的一种反应特定民族特定文化生活、具有民族凝聚力的、在民族的发展中世代传承的一种特殊的文化形态,它反映了一个民族各成员的共同心理素质和心理价值认同,是各民族文化的重要表现和组成部分。

民俗体育与民族体育之间有交叉,二者都属于体育文化,也是生活文化,而生活涉及诸多方面,因此,民俗体育与民族传统体育二者之间具有共同的文化基础和生活基础。民族体育活动形式依附于民族的风俗习惯(如节日、生产生活、宗教、礼仪等),是民族生产生活的一种集体化、模式化了的体育活动。

具体来讲,一方面,民俗体育并不等于民族体育,民俗体育中有不能反映某民族共同心理素质的体育文化,如江西永新县的盾牌舞;另一方面,民族体育也不都是民俗体育,如赫哲族的叉草

① 涂传飞,陈志丹,严伟.民间体育、传统体育、民俗体育、民族体育的概念及其关系辨析[J].武汉体育学院学报,2007,14(3).

球，它并不依附于该民族的风俗习惯，只是属于民族体育的范畴。

综上分析，可以总结出，传统体育更强调体育的传承性，民俗体育和民族体育都应该包括在传统体育之中。民俗体育与民族体育二者既有交叉又有区别，属于并列关系。民俗体育与民族传统体育二者也具有相互交叉的内容，同时二者又都属于我国传统体育文化的范畴之中（图 8-3）。

图 8-3

三、民俗体育的发展

（一）民俗体育的生成与演变

民俗体育文化源自于人类文化的发展，是人类自身对于自然的超越和创造，由文化的人本规定性决定的。早期，民俗体育活动主要来源于祭祀和生产实践两个方面。

1. 祭祀活动

人类发展之初，认知有限，祭祀活动作为人类古代产生的一种社会活动，表现了人类对自然的探索与对未来美好生产生活的向往。

人类社会早期，人们对大自然充满敬畏，在对某些自然现象无法解释时，只能通过求助于神灵的方式寻求庇佑，这种祈求通过祭祀表演的形式，将人民的美好愿望融入肢体表演中，后来，随着人们对大自然有了一个比较全面的认识，人类肢体表现祭祀的意义逐渐减弱，娱乐健身的性质逐渐增强。

由祭祀走向健身是民俗体育的历史性转折，这表明，民俗体育文化的核心从过去的“敬”和“畏”逐渐演变成人类对自我的重视与关注，民俗体育的功能性得到了根本性的转变，即从“祭祀”转变为“健身”“娱乐”，民俗体育由过去的象征意义逐渐演变成为对人类身体健康发展有意义的一种健身活动。

2.生产实践

民俗体育的产生与人类早期的生产实践活动也具有十分密切的关系，从民俗的角度来看，民俗包括诸多方面，传统劳动生产、日常生活习俗是其最主要的部分。而在早期生产资料极其短缺的情况下，生产是第一位的，为了更好地参与生产实践，获得更加丰富的生产资料，人们在生产劳动之余，就会参与与生产劳动技能有关的一些身体活动，以此来提高生产劳动技能和效率，从而为获得更加丰富的生产劳动资料奠定良好的身体基础。此类民俗体育项目丰富多样，其中，比较典型的有：苗族的舂米舞、彝族的荞子舞等。

民俗体育运动源于人类的实践活动，民俗体育文化伴随民俗体育产生民俗体育文化也同样具有人类实践的自然属性。

(二)民俗体育的繁荣发展

民俗体育的发展得益于人类历史文化的发展和社会文明的进步，民俗体育的发展经历了一个十分漫长的时期，其与人类的生产、生活，风俗习惯，社会政治、经济等的发展都具有十分密切的关系，这里重点就民俗体育快速发展的几个重点时期做详细分析。

1.唐代民俗体育

良好的政治和经济环境是文化发展的基础，民俗体育的发展依托于民俗体育文化的发展，唐朝时期社会各方面的繁荣为民俗体育的发展奠定了良好的社会环境。

现今所发现的唐朝文献中有很多关于民俗体育发展的宝贵文字和图画记载。如《全唐诗》中具有数量众多、内容丰富的体育史料，为民俗体育史的研究提供了翔实的资料。

总结来看，唐朝上下三百年的体育发展脉络在《全唐诗》中清晰可见，涉及的体育项目广、内容多，这一时期发展迅速、群众基础广泛、具有代表性的民俗体育项目有竞渡、风筝、拔河、蹴鞠、斗鸡、秋千、射柳、抛球、春游、登高、鱼猎等。

2.宋代民俗体育

宋代的民俗体育大都与一些传统节日有关，由于宋代统治者十分推崇这些风俗活动，宋代民俗体育内容和形式在唐朝发展的基础上更加丰富多彩，并借助于各种传统节日，成为重要节日中的重要活动内容。

(1)元旦的民俗体育

北宋的元旦朝会是一个非常重要的节日活动，在这一天，各国使臣要入宫朝见，并在活动期间举行丰富多彩的娱乐活动，举国同庆。

据史料记载，北宋的元旦朝会上有“在京瓦肆伎艺……球杖踢弄，相扑、杂剧、掉刀等”娱乐活动。朝会之后，会举办盛大的“射弓”(射箭)活动，百姓在靶场周围围观、助威，场面十分热闹，如同现在的体育比赛。

(2)元宵节的民俗体育

宋朝的元宵节灯会规模十分宏大，每逢正月十五，民间都会有放灯、祭门、祭户等活动，古称“七祭”，元宵节的庆祝活动称得上是“全民的狂欢”。包括皇帝在内，也会在元宵节当天“车驾五岳观迎祥池”祭祖，以求安康。

元宵节的民俗体育主要为马球和杂戏。据《东京梦粱录》记载，元宵节前一日，官吏着彩衣，陪同皇帝一同前往五岳观，同行的大小官吏可达数百人，他们“执珠络球杖，乘马听唤”，组成方队，声势浩大。“珠络球杖”就是一种马球用具，制作十分精巧。

帝妃臣官进香拜佛之后，会举行宴群臣、赏百戏的活动。

元宵节前后，尤其是当天，宫中和民间都有丰富多彩的百戏表演，如击丸（马球）、杂戏（杂技）、骑术、武术、蹴鞠（足球）、上竿（爬竿）等。

(3)清明节的民俗体育

宋代清明时节，以祭祖为主要节日内容，同时，也会在清明前后举办一些民俗体育活动，如摔跤。

南宋的民俗体育基本传承了北宋的传统，但休闲体育更为明显。南宋和北宋的民俗体育在内容上虽不同，但都是为出游的百姓进行表演，是一种重要的谋生手段，不仅增添了节日的气氛，也使广大的民众放松精神、愉悦身心。

3.明清民俗体育

明清时期，民俗体育活动更加繁荣，在原有的丰富多彩的民俗体育活动内容的基础上，女子民俗体育活动更是获得了进一步的发展。这里重点分析女子踢球（蹴鞠）与“走百病”。

(1)女子踢球

蹴鞠运动在明清时期获得了较快的发展，女子也加入到蹴鞠的活动之中，并开展与之相关的各种踢球游戏与活动。

据相关史料考证，明朝时期，宫中嫔妃们十分爱好踢球，王誉昌《崇祯宫词》中描述了宫女“裙衫风度压娉婷”的踢球情景。明清达官贵人的女眷们也非常喜欢参与踢球活动，明末清初诗人李渔的《美人踢球》中对长安富家小姐踢球的娇态进行了生动地刻画：“蹴鞠当场二月天，香风吹下两婵娟……翠袖低垂笼玉笋，红裙拽起露金莲。几回踢罢娇无力，恨煞长安美少年。”裹足的大家闺秀都能拽裙露臂踢球，可见，踢球运动盛行。

民间也有女子踢鞠的表演组织和表演艺人。明朝文学家陈继儒的《太平清话》卷四记载：洪武年间（1368—1398年），民间有女艺人彭秀云擅长蹴鞠，以表演踢球为生，“滚弄”“飞弄”等绝技令人赞叹，她能使球“绕身不堕”，更被诗人詹同文誉为“女流清芬,夹是技游江湖”。小说《金瓶梅》中也有关于踢球的描述,第十六回讲到桂姐“一个捎头,一个对障,拗踢拐打之间,无不假喝彩奉承”“撇来的丢拐,教小人们凑手脚不迭”,其中,“捎头”和“对障”均指场上踢球位置,“拗”和“拐”是高超的运球过人技巧,充分说明了桂姐的球艺高超,而文中提到桂姐要“再过一、二年”才能“数一数二”说明当时女子踢球高手是非常多的。

(2)“走百病”活动

“走百病”是一项在明清时期十分流行的女性运动。

古时科学落后、环境恶劣、卫生条件差,人们多受疾病困扰,虽然中国传统中医比较发达,但由于封建迷信思想盛行,仍有很多百姓认为人的疾病是因为受鬼魂缠身所致,于是,就有了驱鬼的迷信活动——“傩”或“追傩”。至明清,“追傩”活动形式多样,“走百病”“消百病”和“走桥摸钉”都是其中的重要仪式。

明刘侗的《帝京景物略》中记载:“元宵节……妇女相率宵行;以消百病,曰走百病,又曰走桥。”另在《走百病行》中记载:“踏穿街头双绣履,胜饮医方二锺水”“大家小家同节令,姨姨姥姥领小姑,撺掇梳妆走百病。”《宛署杂记》也有记载说:“走桥摸钉,祛百病”。可见,走百病在当时具有广泛的女性基础。

从社会文化角度分析来看,明清时期元宵节,女性喜欢“走百病”的原因主要有以下几个方面:一是封建社会,女子很少出门,元宵灯会都会精装打扮、赏灯逛街、放松身心并期待求得好姻缘;二是明朝走桥摸钉是妇女度厄、免灾、祈福的迷信活动,女子不得不参加;三是古代妇女运动少,小病缠身,外出走动确实能有益身心健康,这也更加深了古代妇女对“走百病”的迷信与积极参与。

(三)近现代民俗体育的发展

近代以来,我国内忧外患,体育发展受到西方体育文化的重大冲击,而很多学者和社会知名人士也从消除封建糟粕的角度来批判民俗体育的一些不良的封建迷信思想,整体来讲,这一时期,我国民俗体育发展缓慢。

新中国成立以来，百业待兴，党和政府都十分重视包括体育事业在内的各项社会事业的发展。在重新认识我国传统体育文化重要价值和发展传承的基础上，为了促进我国体育的发展，对于民间体育给予了许多优惠政策和扶持。在这样的社会发展大背景下，我国民俗体育也获得了一定的发展。

改革开放以来，我国群体性的民俗体育发展迅速。以端午节的竞龙舟活动为例，龙舟竞赛在全国各地广泛兴起，一些城市和地区还举办了多次国际龙舟节。

加入世界贸易组织以后，我国国内市场逐渐打开，旅游业发展迅速，在体育旅游产业发展中，民俗体育是吸引国外游客的重要内容，创造了巨大的经济财富，同时，对发扬光大我国民族传统体育文化也起到了积极的推动作用。

近年来，我国的民俗体育发展迅速，在党和国家进一步传承与发展我国传统文化、建设中国文化软实力的政治背景下，民俗体育内容和形式不断丰富，许多濒临灭绝的民俗传统体育活动也不断被发掘、整理。再加上，体育旅游市场经济发展的需求，各种民俗体育内容重新回归大众视野，不仅极大地丰富了全国各族人民的健身生活，也极大地推动了我国体育旅游和传统文化的发展。

目前，我国许多民俗体育已经被列入非物质文化遗产中，进一步得到了保护和传承。伴随着全民健身、休闲时代的到来，我国民俗体育在保持民族特色的基础上，不断发展、创新。民俗体育原有的一些复杂的形式主义内容得到改进；各地民俗体育表演的场地、设施、环境等条件也得到了改善；民俗体育存良除陋，将封建迷信思想和宗教陋俗革除。民俗体育在内容和形式上都有了进一步的完善。

第二节　我国区域民俗体育项目技能与发展

我国区域民俗体育项目内容丰富、种类繁多，这里重点就各区域具有代表性的民俗体育项目技能及其发展进行阐述。

一、内蒙——赛马

（一）赛马运动发展概况

我国蒙古民族被称为“马背上的民族”，赛马已有近 2 000 年的历史，在蒙古族拥有广泛的群众基础。

“赛马”是蒙古族的典型民俗体育运动项目，是我国民族传统体育文化的重要内容，蒙古赛马具有显著的民族特定，一方面，赛马是不同骑马者之间的骑术较量；另一方面，赛马过程中也要比马的体力和体能。我国内蒙古自治区经常举行赛马盛会，一般都在水草丰美、秋高气爽的七、八月份举行。

每逢蒙古“那达慕”大会，赛马都是其中非常重要的一项民俗体育活动，优秀的骑手会授以荣誉，并受到全族人民的尊敬。

蒙古族赛马方式多样，主要有奔马、走马。其中，奔马又称“速度赛马”，走马则有较高的技巧要求。

经过长期的发展，如今，“马”作为彰显蒙古族民俗、民族文化和蒙古族马产业链的主导元素和载体，在保护和发展蒙古地区文化、体育、旅游等方面具有重要的作用。

中国速度赛马大奖赛是当前我国的一项重要体育赛事，该项赛事是在原“中国马速度大赛”及“全国速度赛马巡回赛”的基础上打造的高级赛事。

2016 年，“中国速度赛马大奖赛暨中国・内蒙古第 3 届国际马术节”于 7 月在我国内蒙古自治区如期举行，期间，共设国际比赛13项之多。目前,该项赛事已经成为我国竞技体育的重要赛事,是我国少有的以民俗体育为基础发展而来的国际级赛事。

(二)赛马运动技能解析

1.上马与下马技术

(1)上马技术

准确掌握上马技术,能促进骑手与马建立良好的关系,同时,还能向对手示威,上马技术动作具体如下。

①骑手右转体,右横跨一步,右手将缰革套在马颈上,拉直缰革,右手接握两缰,抓马颈鬃毛,右转体,左脚掌踏马镫。

②右握鞍桥用力,左腿伸直支撑,右腿蹬地,借助双手与左腿的支撑伸直跨过马臀,轻坐于鞍上,右脚掌踏入镫内。

(2)下马技术

下马技术动作按与上马动作相反的顺序进行。

2.骑乘技术

赛马的骑乘技术有慢步、打浪、压浪、减速、移行、跑步等,这里重点阐述以下几种。

(1)慢步

骑手坐稳,以腰、背、腿的力量用力推,使马大步迈进,让马的后脚踩在前脚蹄印前方。

(2)打浪

马行进过程中,骑手在马鞍上做一站一坐的动作。

站时,以腿部的力量贴马腹站起,不要靠踩脚镫。

坐时,放松臀部,以腰背力量向下坐,小腿紧贴马肚,使马有节奏地稳步前进。

(3)压浪

压浪有助于骑手与马保持相同的节奏,能有效减少骑手在马背上的颠簸,具体来说,骑手应在马快速行进过程中,用臀部密合坐住马鞍,放松臀部,避免被马弹起。

(4)移行

移行具体是指骑手指挥马匹由静止—前进—静止的技术，骑马时应避免让马保持一个节奏在场内绕圈子，应让马有节奏地由静止进入快步、快跑状态，并能在结束后逐渐停止。

(5)跑步

蒙古赛马活动中，马的跑步是一种三节拍的运动，各节拍中马的支撑点与脚的落点不同。

第一节拍：以马的后脚为支持点，

第二节拍：内方前脚、内方后脚与外方前脚同时前踏。

第三节拍：内方前脚踏在最前面。

二、西北——叼羊

(一)叼羊运动发展概况

叼羊是我国维吾尔族及哈萨克族重要的民俗体育运动项目之一，该民俗体育项目具有对抗激烈、力量与技艺完美结合的特点，凡是重要的节庆活动都会举办叼羊运动。

新疆维吾尔族和哈萨克族的叼羊比赛主要有以下三种形式。

(1)两人叼：一人抓住羊的一端，争夺拼抢，夺到羊者胜。

(2)分组叼：源于旧社会的部落分组，按部落进行分组，进行不同部落之间的荣誉的较量。

(3)集体叼：一只羊被主持者扔在地上，叼到羊并且不被他人抢走，顺利到达终点或将羊放到固定位置，视为获胜。

2008 年 6 月 7 日，叼羊正式被列入我国第二批国家级非物质文化遗产名录。

目前，源于我国西北地区的叼羊运动已经走出国门，并积极与世界各地游牧民族一起交流技巧，在世界游牧民族中，我国叼羊运动始终保持着较高的水平。2016 年，第 2 届世界游牧民族运动会在吉尔吉斯斯坦举行，我国代表队获得铜牌。

(二)叼羊运动技能解析

1.速度技术

在叼羊运动中，只有保持较快的速度，才能最先掌握叼羊权，并在奔跑中确保单不被他人抢走，在整个叼羊比赛中，速度在叼羊选手的冲刺抓羊、持羊返回、追赶对手中都具有重要作用。因此，可以说，速度是对叼羊选手的最基本的要求。

要保持快速的速度，骑乘者应保持身体前倾，坐时，臀部要略微离开马鞍，以便减轻马的重量使其跑得更快，同时，也便于俯身抢夺羊，保持动作灵活。

2.抓羊技术

抓羊时，要注意镫里藏身，同时，抓羊时要抓准。比赛中，由于奔跑的速度很快，为了避免失手，骑乘者在叼羊时最好抓羊的腿，下手时机要准。

3.抢夺技术

如果没有在第一时间抢夺到羊，并不意味着失败，只要从对手手中抢到羊，就有可能扭转局面。

抢夺时，注意在瞬间判断出持羊者及同伴的意图，大胆抢羊。一般来说，骑乘者在叼羊成功之后都会用身体掩护羊或变换骑行方向，因此，在抢夺羊的过程中，要注意不断调整位置追赶，以寻找合适的抢羊时机，看准目标后，果断、准确地出手。

抢夺羊的过程中，注意保持好自身的平衡，以免发生意外。

抢夺成功后，应注意掩护，并立即调整骑乘方向迅速离开。

4.持羊技术

抢到羊后，应把羊搭在马鞍前放稳，用身体半压保护和掩护好羊，避免露出羊腿等。

一般来说，持羊后，叼羊选手注意通过各种变向、假传、虚晃来诱骗对方，保护自己、避免被抢。技术好的选手可以用熟练的持羊技术避开对手。

持羊过程中，如果对手半路堵截，摆脱对手的动作要快、要突然，可以用假动作晃开对手。

持羊向目的地冲刺时，叼羊选手要发挥控制骑乘速度和自由变换方向的能力，始终保持高速前进，同时，注意保持视野开阔，注意观察同伴和对手的位置和动向。

5.队友配合

集体叼羊比赛中，队友之间的密切协调配合是取胜的关键。冲夺羊时同伴之间要互相掩护。

躲避对方抢夺时，同伴之间的传接羊要找准时机和位置，判断要及时，动作要果断，扔羊要短，方向要准。

三、西南——押加

（一）押加运动发展概况

“押加”，是藏族的一种典型民俗体育运动项目，俗称“大象拔河”，是一种二人角力的体育活动。藏语中，“押”是“拉”的意思，“加”指“脖子”，因此，“押加”就是“用脖子拔河”。

押加，在藏族中流传和发展已经有百余年的历史，它以独特的形式在藏族群众中世代相传，深受广大藏族人民群众的喜爱，群众基础广泛，因此，得以很好地保存、传承和发展至今。

在藏区，押加比赛每逢藏族人民的节日活动都会开展，是藏族人民自娱自乐的一种重要的体育活动形式，如今已经发展成为一项规则完善的民俗体育运动。

随着我国对民族、民俗体育活动的重视与保护，当前，在一些高校，尤其是民族院校内已经开设押加选修课程，押加以其独特的运动魅力深受广大学生的喜爱。

目前，押加是我国全国少数民族传统体育运动会的正式比赛项目(第8届，只设男子比赛项目)，根据运动员的体重，分别设55公斤、60公斤、70公斤、80公斤和80公斤以上5个级别进行比赛。

比赛过程中，运动员要着民族服装，一条长绸布环套于颈部(带子从两腿间通过)，选手四肢着地、背向对方，向前用力，将对方拉过自己一侧的线为获胜，具有非常高的观赏、文化和运动价值。

(二)押加运动技能解析

1.站立技术

比赛前，参赛选手相对站立，将打好结的绳环套在脖子上，两腿可随意站立，用颈部和腰腹部力量向后拉扯。

2.跪卧技术

以单人跪卧为例，打好结的绳环套在脖子上之后，比赛双方背对背，套在脖子里的绸带经过胸腹部从裆下穿过，四肢着地，拉直绸带，听口令准备用力。

跪卧时，参赛选手身体模拟大象的动作，两手、两膝、前脚掌着地，利用颈、肩、腰、腿及手臂力量向前爬拉。

押加比赛中，如果双方相持达90秒仍不能决出胜负，则应暂停比赛，休息一分钟后重赛。

四、中东南——跳竹竿

(一)跳竹竿运动发展概况

跳竹竿，俗称“竹竿舞”“打柴舞”，是我国中东南地区少数民族的重要民俗体育运动项目之一。

跳竹竿，黎语称“卡略”，最早是用于黎族人们的祭祀活动，距今已有数百年的历史。[①] 跳竹竿盛行于我国中东南地区，有着浓郁的地域风情和乡土气息，在重要的节日里，人们欢聚在一起，进行跳竹竿的表演和比赛，庆祝丰收，祈祷来年好收成。

在我国中东南地区，一般来说，各少数民族的“跳竹竿”每年从开春之日起，直至元宵，几乎日日夜夜欢跳不息，热烈气氛充溢着山坡村寨。

目前，“跳竹竿”习俗已经渐渐褪去祭祀的色彩，成为一种带有民族文化色彩的体育健身活动，同时，“竹竿舞”已经走出中东南地区，在全国各地都很受欢迎，当前，市场经济背景下，我国中东南地区充分发挥地域民俗文化特点的优势，吸引了一大批游客，“竹竿舞”是当地体育旅游中一项重要的表演和体验项目，许多国外的游客对此兴趣浓厚，他们称赞跳竹竿为“世界罕见的健美操”。

（二）跳竹竿运动技能解析

1.打竿技术

跳竹竿运动通常由 8 名击竿者参加，分成两组，4 人一排，相向蹲在竹竿的外沿，两两相对，每人两手各握一竿，一人采用口令或哨子指挥，或所有打竿者在锣鼓的伴奏下，按照节拍、鼓点，用手中的竹竿分合、合分、高低、低高有节奏地进行击打、滑动，发出清脆的声音。

打竿技术对一竿两头持握的打竿者二人之间的相互配合具有较高的要求，打竿应具有节奏感。

---

① 周开敏.广西壮族自治区民族传统体育跳竹竿的研究[D].北京体育大学，2013.

2. 跳竿技术

跳竿者在打竿者打竿的同时，在各杆之间穿梭、跳跃，并配以手臂动作。

跳竿过程中，跳竿者不能踩着竿，也不能被细竹竿夹着，否则视为失败。在此基础上，跳竿者应跳得轻松欢快，在细竹竿间进行流畅地跳转，体现出美感。

一般的，跳竿的动作有单腿跳、双腿跳、转体跳、分腿跳和翻跟斗等多种形式，跳竿者根据不同的节奏、节拍在不断开合的竹竿间进行跳跃。这里重点分析以下几种跳法。

(1)2 拍跳法

①单腿跳进

第 1 拍：左脚前跳。

第 2 拍：右脚越竿前跳。

②单腿进退

第 1 拍：左脚前跳，右脚越竿前跳。

第 2 拍：左脚越竿前跳，右脚越竿后跳。

(2)3 拍跳法

以一合二开为例，跳法如下。

①分腿跳

第 1 拍：双脚跳进。

第 2 拍：双脚分腿跳起。

第 3 拍：左脚越竿跳进。

②交换腿跳

第 1 拍：左脚跳进，右脚原地跳。

第 2 拍：左脚越竿跳进，右脚越竿跳进。

第 3 拍：左脚原地跳，右脚越竿跳进。

③单脚连跳

第 1 拍：左脚跳进。

第 2 拍：右脚越竿跳进。

第 3 拍:右脚原地跳。

(3)4 拍跳法

①踢腿跳

第 1 拍:双脚跳进。

第 2 拍:原地右踢腿跳。

第 3 拍:双脚越竿跳进。

第 4 拍:原地左踢腿跳。

②脚跟点地跳

第 1 拍:双脚跳进,右脚原地跳。

第 2 拍:右脚跟右前点地,同时,上身右倾。

第 3 拍:双脚越竿跳进。

第 4 拍:左脚原地跳 1 拍,同时,左脚跟左前点地,上身左倾。

(4)集体跳法

纵向排列式:队员成一路纵队排好,由排头者带头跳出,后面的队员依次整齐跳出,出竿后转身依次排回队尾。

并排式:以 2 人、3 人、4 人等形式手牵手同时跳进,跳的过程中牵手前摆,或双手头上左右摇摆。

五、闽台地区——打陀螺

(一)打陀螺运动发展概况

打陀螺,又称"抽陀螺""打猴儿""赶老牛"等,是我国瑶族非常有特色的民俗体育项目。

打陀螺运动历史悠久,最早出现于北宋时期,据麻国钧等所著《中华传统游戏大全》考证,北宋儿童喜欢玩一种叫"千千车"的游戏,当时的宫廷中的嫔妃或者宫女在闲时会玩一种"妆域"之戏,"千千车"与"妆域"内容类似,它们都是陀螺的前身。

台湾民间也有抽陀螺的习俗,据悉,这里的打陀螺活动多源自于大陆地区的厦门一带,打陀螺传入台湾以后,备受男女老少的喜欢，参与者非常多，而在我国大陆，大人较少参加。抽陀螺逐渐发展成为闽台地区著名的民俗体育运动。

10世纪前后，中国的传统民俗体育运动打陀螺通过商人传到朝鲜和日本等国，并一直流传至今。

陀螺由实心无柄的木头制成，用绳子抽打它的底部，使之快速旋转，台湾的陀螺多种多样，制作材料也多种多样，有木制、铁制或塑料制成，外形也是多彩多姿。

当前，打陀螺游戏在我国已经普遍开展起来，其并不局限于少年儿童，男女老少均可参与，且器材、场地简单，方便易操作，是学校体育活动和群众文化娱乐活动的重要内容。

现在流行的各种打陀螺比赛主要是由云南拉祜族的对抗性打陀螺改编而来。比赛选择一块平整场地，设放陀区和打陀区，守方将陀螺旋放于放陀区击打陀螺，使其旋转，攻方则站在打陀区扔本方陀螺去攻打守方陀螺，比赛中，如果攻方的陀螺将守方的陀螺击死或砸出界外，且继续稳定旋转则视为获胜。

（二）打陀螺运动技能解析

1.放陀技术

（1）缠绕陀螺与持握陀螺

用绳子缠绕陀螺是一项非常简单但是也很难掌握的技术，它直接关系到是否能正确放陀，使陀螺离手之后在场地上保持一个平稳转动的初速度。

缠绕陀螺时，以左手握陀螺顶部，拇指将鞭尾压陀螺的脚槽处，右手持鞭向内缠绕，缠绕时注意每圈都压住尾端，避免之前缠好的鞭子松脱。缠绕要紧密，右手拉紧鞭头。

持握陀螺时，以右手拇指压陀螺顶部，食指、中指托陀螺侧下方，无名指和小指握住鞭绳并顶在陀螺侧面，拉紧鞭绳，拇指压实，防止绳子松脱或脱手。

(2)旋放陀螺

放陀前,侧对放陀区,一般以右侧对放陀区。左腿屈膝,支撑身体重心,左手持陀向左后牵引,右手持鞭随摆,保证陀螺有足够长的工作(飞行)距离以到达放陀区。

放陀时,左手引臂,左脚蹬地、右转体,左臂前摆,力量通过手臂作用于陀螺,右手顺势前摆放鞭,向左猛力回拉,使陀螺平头朝上、锥尖朝下快速飞出,落到放陀区内并保持快速旋转。

放陀后,右手的鞭子应及时回撤,以免留在放陀区的场地中影响陀螺的旋转。

2.攻陀技术

(1)缠绕陀螺与持握陀螺

攻陀技术中,用鞭子缠绕陀螺及手持握陀螺的方法与放陀技术基本一致,这里不再赘述。

(2)攻打陀螺

攻陀螺前,应先瞄准守方的陀螺,左侧对放陀区,右脚蹬地,左转体,带动右臂快速前挥,至肘关节伸直时,果断掷出陀螺,使陀螺平头朝上、锥尖朝下对准守方陀螺快速、平稳飞出。

陀螺出手后,右臂左下摆,屈右膝维持身体平衡,避免踩攻击线犯规,左手持鞭后摆,迅速拉动缰绳,使陀螺沿着放鞭的方向迅速、平稳地飞向守方的陀螺。放鞭结束后,及时撤回鞭子,以免编绳影响陀螺的旋转或触及比赛场地而犯规。

第三节　我国岁时民俗体育项目技能与发展

我国岁时民俗体育项目与岁时民俗文化具有十分密切的关系,在长期的发展历史中,我国形成了丰富的岁时民俗文化,各个岁时节令,都有丰富的民俗体育文化活动表演与竞赛。这里主要针对我国重点岁时节令的相关民俗体育项目进行分析。

一、元宵节——舞龙、舞狮

(一)舞龙

1. 舞龙发展概述

舞龙运动由来已久,源于我国古代对龙图腾文化的推崇。龙是我国古代传说中的一种生物,相传,龙掌管着雨水和海水,龙总是和风雨同在。

殷商时代的甲骨文中,有向龙卜雨的甲片,当时,用来求雨的祭祀舞蹈非常普遍。每逢干旱时节,人们都会将期待甘霖、来年丰收的愿望寄托于对龙的祭祀活动,并在祭祀过程中进行表演,人们希望通过舞龙,使得地上之龙与天上之龙相互感召来求雨,舞动地上的龙就会使天上的龙降雨。

汉代有"鱼龙漫衍"之戏,被视为是舞龙运动的前身。在汉代,人们最初是采用"土龙"祈雨,后来逐渐演变为扎制龙形而舞,舞龙运动便得以产生。

舞龙运动作为一项民俗体育活动兴盛于唐代,多在元宵节举办盛大的舞龙表演,元宵节观灯、舞龙是最重要的两个活动项目,世代相传至今。唐代,舞龙的形式更加多样化,龙的制作工艺也更加精良,这一时期的舞龙运动,已经逐渐脱离了最初的祭祀色彩,而成为民间欢庆节日的一种重要运动表现。

元明清时期,龙的形态基本固定,舞龙运动的其他要素(如锣鼓伴奏、龙珠等)也逐渐完备,民间舞龙的规模不断扩大,舞龙运动的娱乐表演性更加浓厚。

在我国众多的民族与辽阔的地域中,舞龙活动表现出多元化的特征,具有不同的活动内容与形式。如布龙、纸龙、板凳龙、百叶龙、香火龙、草龙等。

现代舞龙运动,是指舞龙者随着鼓乐的伴奏,手持龙具并在龙珠的引导下变换身姿，完成游、穿、腾、跃、翻、滚、戏等动作。龙身与龙尾动作协调统一。

舞龙作为一项民俗体育活动，表现出中华民族百折不挠、喜庆祥和的精神面貌。舞龙作为一种传统文化和民族精神的象征，广泛流传于我国的民间，并在全世界华人聚集的地区普遍开展，是一种重要的中华民族文化。

2. 舞龙基本动作

(1)舞龙杆握法

①正常位握把：双手持把，一手弯肘、曲臂。手握把位末端，与胸同高；另一手直臂伸，握把上端。双手要保持平稳，把位距胸一拳。握把时，身姿应挺拔。

②滑把：一手握把端，另一手握把上下滑动。

③换把：在滑把的同时，滑动手接近固定手位时，双手交换，换把手位时，注意保持杆的稳定。

(2)舞龙步形

①正步：两脚并拢，脚尖正对前方。

②弓步：一脚向前迈出，屈膝，小腿与地面垂直，脚尖朝前，另一腿挺直，上身与垂直腿同一方向。

③小八字步：双脚跟靠拢，脚尖分开。

④大八字步：基本同小八字步，只是双脚跟间相距一脚半。

⑤丁字步：一脚跟靠拢另一脚的足弓处，两脚尖外撇。

3. 舞龙基本技巧

(1)舞龙珠

持龙珠者，即龙队指挥者，在鼓乐伴奏下，引导舞龙者完成龙的各种组图造型和套式动作。舞龙珠过程中，应注意以下几点。

①引导出场，认清出场方向。

②双眼随时注视龙珠。

③与龙头保持约 1 米距离，并与龙头协调配合。

④始终保持龙珠的旋转,不停歇。

⑤熟悉本队的套式、队形变化。

⑥注意环视整队及周边环境,具有良好的临场应变能力。

(2)持龙头

持龙头者,紧随龙珠移动,龙头左右摆动显示追珠之势。舞龙头过程中,应注意以下几点。

①龙嘴与龙珠相距 1 米左右,并与龙珠协调配合。

②龙头应不停摆动,以展现龙的生机勃勃、威武之势。

③龙头在摆动过程中不得碰触龙身或其他舞龙者。

(3)舞龙身

舞龙身者紧跟前者,与前后保持一定的距离,走定位,舞低时,尽量放低,但不得使龙身触地。舞龙身过程中,应注意以下几点。

①高低舞动灵活,表现龙的翻腾雀跃,与前后协调配合,龙身运动轨迹要圆滑、顺畅。

②握柄时,柄下端不可多出,以免不小心伤到他人。

③龙体不可出现不合理的打结。

(4)持龙尾

持龙尾者在舞动龙尾时注意跟随舞龙身者流畅地移动,并表现出龙尾的自由摆动,展示龙的活泼之势。舞动过程中,应注意以下几点。

①翻尾要轻巧生动、不拖泥带水,避免打地。

②随时保持龙身的摆动。

③与龙身配合,注意控制龙尾摆动弧度。

(二)舞狮

1. 舞狮发展概述

狮子并非我国本土动物,是外来物种,其家乡在西亚和非洲,有“百兽之王”之称,公元 87 年,西域大月氏和安息等国将象征吉祥、威武的狮子作为礼物送到我国，朝廷视为瑞兽。

舞狮，又称“狮子舞”“玩狮子”，舞狮运动历史悠久，据史料考证，三国时期舞狮运动就已经出现，《汉书·礼乐志》中记载：“若今戏鱼、虾、狮子者也”。

唐朝时期，舞狮运动发展迅速，无论在民间还是宫廷都十分流行，《旧唐书·音乐志》和《新唐书·礼乐志》均有相关记载。唐代宫廷的“五方狮子”，又称“五常狮子”，披五色狮被，高达一丈，分东、西、南、北、中五个方位站立，在鼓乐喧天的乐曲伴奏下，由12个着彩衣的狮子郎引逗，场面热闹异常。唐以后，舞狮的表演活动在民间一直盛行不衰。宋代《东京梦华录》和《梦粱录》都有关于“狮子会”的记载。清代《走会》图中充分表现了舞狮子的欢乐热闹情景。

我国民间各地流传的舞狮表演活动由于风俗不同，在表演形式与艺术造型形成了多元化的地方特色与风格（图 8-4）。

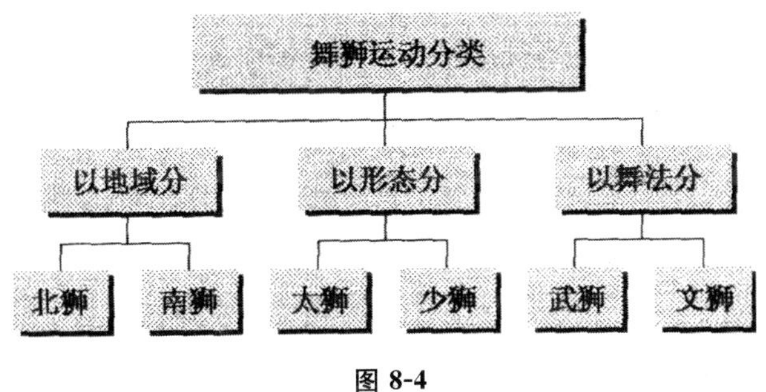

图 8-4

近年来，在党和国家的支持下，我国通过挖掘整理有关文献和试办各种舞狮子比赛，重新发扬了舞狮运动，并制定了《中国舞狮竞赛规则》，于 1997 年创办第 1 届全国舞狮比赛，至 2016 年，已经成功举办 9 届，极大地推动了我国舞狮运动文化的普及和舞狮运动的竞技化发展。

舞狮运动既是我国一项传统的民间艺术（石刻、绘画、陶塑、刺绣等），又是一项具有独特民族风格、流传很广的民俗体育运动。每逢过春节和元宵节，各地华人都要表演舞狮，以示欢度节日、国泰民安、吉祥如意。

2. 北狮舞狮基本技术

北狮表演以“武狮”为主，又称“北狮”“瑞狮”等，始于北魏时期，北狮以写实为基础，它的造型、结构、色彩、装饰以及表演都以模仿狮子为主。

在表演上，武狮着重于武功，动作矫健，技巧很高，主要表现狮子威武勇猛的性格。

(1)狮头握法

两手紧握头圈嘴巴下摆关节处，控制嘴巴张合。

(2)狮尾握法

①双手扶位：双手虎口朝上，大拇指插入狮头腰带，四指并拢拉握狮头队员腰带。

②单手扶位：单手扶拉狮头队员腰带，另一手扶拉狮被。

③脱手扶位：双手扶拉狮被两侧下摆。

(3)狮头基本手法

①点：双手扶头圈，右旋体，与地面形成45°角，左右手上下交替运动。

②叼：一手扶头圈，另一臂托头圈，手自狮嘴中取绣球。

③摇：双手扶头圈，交替做各个方向的回旋。

④摆：双手扶头圈，上左步时狮头摆至左侧；右摆时，动作相同，但方向相反。

(4)舞狮步法

①颠步：狮头、狮尾队员跳步行进，前者迈左脚时，后者迈右脚，步法协调一致。

②错步：狮头狮尾队员同时向身后45°斜后方向，先左脚后右脚同时退步。

③行步：狮头、狮尾队员重心微蹲，前者迈左脚的同时，后者迈右脚，两人节奏一致。

④跑步：要求同行步相同，节奏要快。

(5)引狮员技术动作

引狮员的技术动作有静态与动态之分,这里重点分析动态动作。

①毽子:助跑、趋步后,上体侧转前压,两手体前依次撑地,两腿后上蹬、摆;经倒立部位后,推地,并腿后踹;前脚掌蹬地后,急速带臂,梗头外转体 90°跳起。下落接弓步按掌。

②圆场步:目视引狮球,两腿略屈,迅速、连续侧行,走弧形路线。停步弓步亮球定势。

③旋风脚:左脚左上步,左手前上摆,右臂后伸、下摆;右腿上步,准备蹬地踏跳;左臂下摆并屈肘收至右胸前;左臂向前上抡摆,左转体,右腿屈膝蹲地跳起,左腿向左上摆旋一周,右腿做里合腿,左手在面前迎击右掌,左腿下垂。下落接弓步探球。

3.南狮舞狮基本技术

南狮一般以"文狮"为主,南狮则以神似为基础,结合武术动作,摆脱具体形态的局限,以塑造一个夸张、浪漫的狮子艺术形象。

在表演上,文狮重于表情,动作柔和稳重、细腻婉转,着意刻画狮子温和可爱的神态以及性格。

(1)狮头握法

①双阴手:手背朝上,两手握狮舌两侧头角。

②双阳手:手背朝下,两手握狮舌两侧头角。

③单阴手:手背朝上,拇指托狮舌,其余四指在狮舌上方握舌,另一手握根耳的引动绳,两小臂托顶狮头横木。

④单阳手:握法与单阴手相反,其余与单阴手相同。

(2)狮尾握法

①双手握:双手同时用单手与狮头配合。

②单手握:一手大拇指插入舞狮头者一侧腰带,部位成虎口握腰带,其余四指轻抓舞狮头者的腰带,另一手做开摆尾、摆背等动作。

(3)舞狮步法

①两移步:站姿,上体不动,左右脚交替前移约一脚掌。

②行礼步:站姿,以左为例。两脚蹬地跃起,在中线落地成左虚步行礼。

③麒麟步:站姿,重心移至左脚,右脚经左腿前左移步,成左右腿交叉姿态,双腿屈。

④大四平步:两脚左右开立,双腿屈,两大腿水平,上体正直。

⑤开合步:站姿,两脚蹬地,两腿左右分开;两脚蹬地,并拢双腿。上体始终保持不变。

(4)桩上舞狮技术动作

①钳腰:狮头队员下蹲,两脚蹬桩跃起,同时,狮尾队员两手把狮头队员举起后移至体前,尾呈半蹲姿势,狮头队员大腿紧夹狮尾队员腰部,左右脚相扣。

②180°回头跳:狮头队员单桩下蹲,两脚蹬桩跃起,同时,狮尾队员左脚前移至狮头队员右脚桩位,以左脚为轴转体,右脚外摆至狮头队员的左脚桩位,狮头队员及时落狮尾队员原桩位。

③坐头:狮头队员下蹲,两脚蹬桩跃起,同时,狮尾队员把狮头举起轻放于头上,狮头队员右大腿弯屈,脚尖绷直,左大腿提膝弯屈,脚尖绷直。

④腾起:预备姿势,两人呈基本站位。狮头队员下蹲,向上跃起,同时,狮尾队员把狮头队员举起,落地还原。

二、清明节——荡秋千、放风筝

(一)荡秋千

1.荡秋千发展概况

清明节,又称“寒食节”,古代,每逢寒食时节,百姓都会借、祭扫郊游踢球、荡秋千、放风筝。古代荡秋千是女子经常参加的活动。

在我国史书、诗词文献中，不乏对清明时节百姓荡秋千的描写。如《岁时广记》引《岁时杂记》记载“都城（汴京）寒食……民间又卖小秋千，以悦儿童。”韦庄有“满街杨柳绿似烟，画出清明三月天。女子隔帘红杏里，女郎撩乱送秋千”的诗句，生动地描写了北方市民清明玩秋千的情景。此外，王建的《秋千词》、刘禹锡的《春游曲三首》、杜甫的《清明》、李山甫的《寒食二首》等诗词中均有女子荡秋千的描绘。

每遇寒食节，百姓便倾城而出，谓之“探春”，又称“放春”，是放风筝、荡秋千、蹴鞠和百戏表演的旺季。

2. 荡秋千技能解析

以单人荡秋千为例。

（1）出发技术

准备：双手紧握秋千绳，将秋千绳后拖至极限，一只脚踏上秋千踏板，回收小腿，双臂扣紧，背部微弓。

预备：支撑脚脚跟上提，前脚掌支撑，踏板脚向后勾板，重心上提，准备出发。

起荡：重心从支撑脚移向踏板脚，同时，支撑脚迅速向下蹬、离地、踏板，向前起荡。

（2）预摆技术

根据荡秋千过程中身体重心的改变，可将预摆分为以下几个部分和阶段。

第一阶段：下蹲，翘臀，压肩，双臂保持伸展紧张，胸部向大腿贴近。全身力量集中在前脚掌和踏板上，双手紧握绳，准备加速踏板，当秋千下落至距秋千柱 20°～25°角时，两腿积极快速向前有力蹬伸，积极下压大腿。

第二阶段：两腿充分蹬伸，双手用力拉绳，迅速直膝、挺胯、送膝，上体前挺贴绳；重心上移后脚跟迅速上提，挺胸、抬头，身体直立，踝、膝、胯关节充分伸展，上体充分伸展，两臂锁肩，双手向两侧分绳。荡到最高点时，收胯、后翘臀。

第三阶段：迅速后蹲，压胯，压臂，全身力量集中在前脚掌与踏板上；待落至距秋千柱 20°～25°角时，大腿、膝关节、双肩积极下压，重心下沉，双脚迅速向后勾板，双手用力向后拉绳，顶膝、立胯。

第四阶段：上提重心，收腹、挺胸、抬头，后脚跟顺势上顶，双肩紧锁，双手用力向两侧分绳。荡至后摆最高点时，后翘臀、塌腰，准备下一荡。

(3)单人触铃技术

在高度较充分的最后一次预摆时，加快蹬、伸、挺速度，上提重心，两臂贴绳收拉，不分绳，上体前贴，用单手或双手触铃。

(二)放风筝

1.放风筝发展概况

风筝距今已有 2 500 多年的历史，相传由春秋时期的鲁班发明。在我国古代，南方称风筝为“鹞”，北方称“鸢”。

放风筝作为人民群众喜爱的娱乐活动开始于隋唐时代。唐宋时期，寒食节斗鸡诗，风筝诗，飞鸢诗等描写郊游踏春的诗句更是不计其数。宋代时期，风筝的普及使社会上出现了一种专门放风筝的艺人。明代以后，民间放风筝的习俗影响到北方广大地区，放风筝在全国范围内广泛开展。明、清时放风筝的风俗更盛，清末的传统风筝在内容和题材上均有较大发展，且制作精良、品种繁多(表 8-2)。

表 8-2　风筝种类

分类标准	大小	构造	功能	形象	艺术风格
种类	微型风筝	软翅风筝	实用风筝	人物风筝	民间风筝
	中型风筝	硬翅风筝	玩具风筝	字形风筝	宫廷风筝
	巨型风筝	软风筝	特技风筝	器皿风筝	
		拍子风筝	观赏风筝	鸟形风筝	
		平挑风筝		虫形风筝	
		桶形风筝		水族风筝	
		直串风筝		其他	

新中国成立后，每当清明前后，人民群众竞相来到郊外放风筝，既锻炼了身体，又丰富了生活，还增添了喜悦气氛。我国各地风筝事业发展迅速，许多地方都创设风筝节，推广宣传风筝文化，如“潍坊国际风筝节”已连续举办 33 届（第 34 届将于 2017 年 4 月 15 日—18 日在潍坊举办）、“武汉华中木兰草原风筝节”“重庆武隆国际风筝放飞节”等。

当前，风筝作为我国传统民俗体育文化已风靡全球，国外多以“飞唐”“飞龙”誉之。为了进一步推广风筝运动，我国制定并逐渐完善了《风筝竞赛规则》《风筝竞赛裁判法》，极大地促进了我国风筝运动的发展。

2. 放风筝技术解析

以硬翅风筝为例。

(1)提线技术

传统硬翅风筝一般有三根提线，风筝的提线位置由其结构决定，一般的，膀翅宽度在 800 毫米以内的风筝，多用二根提线，上提线与水平方向呈 10°左右夹角。

(2)起飞技术

①大型风筝起飞:一个人拿住放飞线,另一人在远处拿风筝迎风站立,提线人在来风之际发出信号,拿风筝者随即上举风筝并松手,提线人收线、迎风奔跑。

②中小型风筝起飞:一手持线轮,一手握提线,在来风之际上举风筝放飞,注意抖线和放线。

(3)上升和操纵

①跑进中放风筝:侧身跑,一手持线,一手持轮。当风筝上升快事,应放慢脚步;当风筝上升慢,应增加跑速;当风筝要跌下时,应停止跑进,并立即松线。

②原地放风筝:古称“采提之术”或“提带之法”,用放风筝的口诀概括为“下沉,轻提之;倾侧,徐带之;右偏,右掖之;左偏,左掖之。”

三、端午节——龙舟竞赛

(一)龙舟竞赛发展概述

龙舟竞赛是我国的一项历史悠久的民俗体育项目,早在原始社会末期就有乘舟渡江活动,最早是古越族人祭水神或龙神的一种祭祀活动,战国以后龙舟活动与纪念屈原联系在一起,成为每年固定的活动,主要在端午节前后举行。

端午龙舟竞赛的规模在唐宋时期达到鼎盛时期,不仅在汨罗江畔,全国各地都有赛龙舟的活动。如唐代诗人储光义的《官庄池观竞渡》描写了唐代长安著名的官庄池中龙舟比赛:“落日吹箫管,清池发擢歌,船争先后渡,岸激去来波……”《东京梦华录》卷七记载,北宋清明节,开封府官方会举行大型的龙舟比赛,水边水殿设“观争标(赛龙舟)赐宴”的看台,两岸彩旗飞扬,有总指挥船“约长三四十丈,阔三四丈”,装饰精美,水中小龙船 20 只,虎头船 10 只,“东西相向,虎头、飞鱼等船布在其后,如两阵之势”,比赛开始，龙舟鸣锣击鼓出阵，岸上观众欢呼起舞，场面十分宏大、热闹。

新中国成立后，我国端午龙舟竞赛获得了更加规范化的发展，1984年、1991年、1992年，国家体委分别在江西的高安、九江，湖南的岳阳举行了全国和国际龙舟赛，并举办国际龙舟节，极大地普及和宣传了我国龙舟文化，并有效地带动了当代的民俗体育旅游业的发展。

当前我国最有名的龙舟赛事主要是中华龙舟大赛，该次赛事最近一次的总决赛于2016年11月29日至12月5日在海南省陵水县举行，该项赛事是目前我国赛事级别最高、竞技水平最高、奖金总额最高的龙舟赛事。

(二)龙舟竞赛技能解析

1.坐姿

一般来说，龙舟竞赛中的赛船设两排座位，左右相等平均分布。

右排坐姿：左脚在前，全脚掌踏实，左腿半屈；右脚在后，位于臀下，前脚掌踏实，脚跟提起，大腿和臀部外侧紧贴舟内沿。

左排坐姿：与右排坐姿相同，只是左右腿动作相反。

2.握桨技术

右排队员握桨：左手握桨把上端，掌心紧贴桨把，四指从外向内握拢桨把，拇指从内向外握桨把；右手四指从外向内握桨叶与桨把交界处，拇指从内向外握桨把。握桨不要太紧。

左排队员握桨：技术方法和要求同右排队员，只是左右手上下位置相反。

3.划桨技术

桨入水的角度应为80°～90°。划桨时，身体前倾，上手前推，下手后拉，保持高肘姿态。

桨入水瞬间，上手臂用力向下压桨至拉水结束；抬桨时，放松上手臂，下手腕内扣，使桨叶卸水。

4. 集体配合技术

赛龙舟是一项集体运动，龙舟的行进需要所有舟上队员的配合，竞渡过程中，所有队员应要服从指挥，随哨声或鼓声划行，每一次划桨，都要保持技术动作一致、入水角度一致、入水深浅一致、用力协调一致。同时，注意划桨动作与呼吸的协调配合。

参考文献

[1]徐泽.民族传统体育发展与实践研究[M].北京:人民日报出版社,2016.

[2]周之华.中华民族体育文化多维研究导论[M].北京:高等教育出版社,2016.

[3]周之华.中华民族传统体育文化概论[M].北京:北京体育大学出版社,2016.

[4]刘轶.我国学校民族传统体育发展路径研究[M].武汉:湖北人民出版社,2013.

[5]尚宝增,杨琰,王建华.高校体育多元智能教学的实践与探索[J].内蒙古体育科技,2013(03).

[6]叶伟,徐伟军.试论我国民族传统体育学科体系的建构[J].中国学校体育,2014(01).

[7]赵苏喆.民族传统体育学科体系的现状及其构建[J].体育学刊,2005(12).

[8]毛骥.全球化浪潮下民族传统体育的生存与发展之道[J].贵州民族学院学报,2003(04).

[9]王春粟.东北三省体育院校民族传统体育专业课程设置体系的研究[D].哈尔滨体育学院,2011.

[10]丁丽萍.论民族传统体育专业课程设置的三维目标[J].搏击·武术科学,2010(07).

[11]陶萍.高师民族传统体育专业课课程设置的研究[D].东北师范大学,2006.

[12]付玉坤.民俗体育研究[M].济南:山东教育出版

社,2011.

[13]涂传飞,陈志丹,严伟.民间体育、传统体育、民俗体育、民族体育的概念及其关系辨析[J].武汉体育学院学报,2007(14).

[14]张淼,李龙.民俗体育、民间体育、民族体育和传统体育的概念及关系辨析[J].搏击·武术科学,2013(10).

[15]钟敬文.民俗学概论[M].北京:高等教育出版社,2010.

[16]周开敏.广西壮族自治区民族传统体育跳竹竿的研究[D].北京体育大学,2013.

[17]王亚琼,杨庆辞,罗曦娟.民族传统体育学[M].北京:北京师范大学出版社,2013.

[18]刘杉杉.从辽宁省第八届少数民族运动会探讨我省蹴球运动的发展研究[D].辽宁师范大学,2015.

[19]刘伟.山西省普通高校毽球运动发展现状与对策研究[J].贵州体育科技,2016(01).

[20]楼玲玲.我国普通高校木球运动发展研究[J].凯里学院学报,2011(06).

[21]张宏.吉林省高校珍珠球运动发展对策浅析[J].才智,2015(29).

[22]封飞虎、凌波.运动生理学[M].武汉:华中科技大学出版社,2014.

[23]孙健,原源,曲喜峰.运动人体科学理论与应用研究[M].北京:中国时代经济出版社,2014.

[24]曹华.体悟练习与武术技能的习得[J].山东体育学院学报,2014(02).

[25]张铭.运动养生[M].北京:中国三峡出版社,2013.

[26]邱丕相,蔡仲林.传统体育养生教程[M].北京:高等教育出版社,2011.

[27]尹海立.传统体育养生方法导论[M].北京:高等教育出版社,2008.

[28]杨萌.健身气功·易筋经走进高校校园的价值研究[J].青年文学家,2012(18).

[29]任向阳,杨晓芳.高校健身气功·五禽戏开展对策研究[J].体育科技文献通报,2013(10).

[30]翁小芳.健身气功·马王堆导引术教学实践研究[J].搏击·体育论坛,2014(04).